日本再生のための「プランB

医療経済学による所得倍増計画

O Byung-Kwang

a pilot of wisdom

はじめに

私は米国で医療経済学を学んだ医師です。数多くある既刊の「日本再生論」が未《いま》だ論じていない、独自の視点から本書の執筆を思い立ちました。

独自の視点を持つに至った経緯として、私の経歴から始めさせてください。私は、一九六七年に大阪市で生まれ、医師であった両親の開業する小規模な病院（正確には一九床の入院施設を持つ有床診療所）を継ぐ予定でした。一度跡を継ぐと、診療所がある大阪から離れられないことが分かっていたので、中高六年間を鹿児島市の寄宿舎のある学校で過ごした後、大学の六年間を札幌市で過ごしました。青春期を日本の南北の地方都市で暮らしたことは、その後米国で二五年も過ごすリハーサルになっただけでなく、本書の日本再生論の中核に地方再生を含む下地にもなったと、いまになって思えます。

医師免許を得て大阪市内の研修病院に勤務する合間に、両親の診療所を手伝ううちに、医療政策に興味を持ちました。自然科学である臨床医学を学ぶだけでは、両親の診療所を継いでも維持できないのではと、不安になったからです。忙しい研修の合間に医療政策についての本を読むうちに、経済学の手法を用いて医師の報酬額や薬の価格を設定する「医療経済学」という学問の存在を知りました。当時の日本国内では医療経済学を学べる大学がなく、ダメもとで世界の医療経済学をリードする米国のハーバード大学に願書を出しました。合格通知が来た時は、我ながら大学側のミスで合格したかと疑ったほどです。

一九九五年に渡米し、ハーバード大学、ジョンズ・ホプキンス大学、スタンフォード大学で、医療経済学について世界で最高水準の教育を受ける幸運に恵まれました。米国で学んだ最先端の医療経済学を日本に伝えたいという動機の下、日本の大学で私自身が講義を行う際に教科書として用いることを念頭に、前著『「改革」のための医療経済学』(日本経済新聞による二〇〇六年の経済・ビジネス書ベスト二〇冊に選出)を二〇〇六年に上梓《じょうし》しました。

当初は博士課程を修了した二〇〇二年に日本に帰国して、日本の大学でポストを探す予定でした。しかし、博士課程を修了後も、さらに医療経済学について学びたいという気持ちが強く、運良く仕事にも恵まれたため、日本への帰国は延び延びになりました。ある程度研究歴も積んだ二〇一〇年頃から、真剣に日本の大学に移ることを考え始めました。

二〇一一年三月に東日本大震災が起こった時、私はニューヨーク州のロチェスター大学で教鞭《きょうべん》を執っていました。震災直後に、日本からの留学生の方々と協力し、ロチェスター大学や周囲の教会などで、震災被害者への支援をお願いする講演をして回りました。しかし、大変残念なことに、東日本大震災後の日本社会の「望ましくない方向への変化」は、私が米国滞在をさらに延長する一因になりました。

この「望ましくない変化」を方向変換するには、私がそれまで学んだ医療経済学だけでは、あまりに無力ではないかと考えるようになりました。上述したように、日本で医師になった後に、自然科学である臨床医学を学ぶだけでは不十分ではと不安になり、社会科学である医療経済学も学びました。そして、より根源的な問題を考えるため、人文科学や芸術分野の本も読むようになりました。

同時に、米国と日本の社会を形づくる根源的な原理・価値観の違いにも、思索を巡らす時間が増えました。日米間の根源的な違い（ギャップ）を認識して、現在の日本社会で支配的な原理・価値観を変えない限り、前著『「改革」のための医療経済学』で述べた日本への政策提言は、「砂上の楼閣」に過ぎないことに、私自身が気付いたからです。「楼閣のデザイン」だけでなく、その土台が砂状どころか液状化しつつある日本の現状の解決策を提示するのが本書です。この壮大過ぎる解決策を創案するために、私は米国で二五年間修行をしていた気がします。

高度経済成長期の終盤に生まれ、日本が経済大国となり、やがてバブルの「完全な崩壊」を迎えた一九九五年に、私は米国へ渡りました。日本の事情をよく知る米国人に、「一九九五年に日本から米国に来たのか！　ベストタイミングで日本から逃げられたね！」と言われた時の違和感をずっと引きずってきました。なぜなら、私は在米中に米国籍を取得したほど、米国の理想主義に「惚《ほ》れて」いましたが、いずれは日本に帰る予定だったたからです。本書で提言する日本再生論を、私自身が実践するには、やはり米国に居住するのは遠過ぎました。長い在米生活を畳んで、二〇二〇年四月から日本の大学に異動しました。「地理的な遠さ」と「文化的な遠さ」が比例することも在米時代に痛感しました。日米間の文化的な違いは、一〇〇年かけても埋まりません。従って、価値観を共有できなければ、日米関係は「カネの切れ目が縁の切れ目」になるでしょう。同時に、米国に住めば、日本・韓国・台湾・香港の文化的近さは身に染みて実感します。この実感ゆえに、本書の日本再生論の中核の一つとして北東アジア経済共同体を、確信を持って提案できます。

「プランA」と本書では呼ぶ、既存の日本の再生論の大筋は、過去三〇年間ほとんど変化していません。プランAは、米国や諸外国の成功例（特に情報・通信技術〔IT〕産業、バイオ技術産業、金融産業分野の大企業）を「つまみ食い」的に模倣すれば、日本で第二のグーグルやアップルのような企業が続出し、日本の経済成長率が大幅に改善するとの青写真を描いています。

残念ながら、私は「プランAが一〇年以内に大成功する」ことに非常に懐疑的です。なぜなら、プランAの多くは、前提条件の整備だけで一〇年以上かかり得る上、巨額な先行投資が必要で、成功確率が極めて低いためです。私の最大の懸念は、プランAは、仮に成功しても「日本の全住民の衣食住を充足させる」ことに貢献しないことです。

本書の主眼は、失敗する可能性の高いプランAと並行して、実行可能な「プランB」の具体案を提言することです。何より、プランAよりも確実に、プランBは「日本の全住民の衣食住を充足させる」必要があります。このようなプランBは、プランAが失敗した時の保険・セーフティーネットとしても機能します。

さらに言えば、プランAが「勝ちを増やすこと」を目指す一方、プランBは「負けを減らすこと」を目指しています。国（マクロ）単位で見れば、プランAは高度成長期以来の「輸出と企業の設備投資の増加」を通じた国内総生産（GDP）増大を目指しています。一方、プランBは「地方（ないし国内）から東京（ないし国外）への富の流出を減らす」ことと内需拡大（特に家計消費の増大）を目指しています。個々の組織（ミクロ）単位で、プランAが目指すのは、利潤率と株主配当の最大化です。対照的に、プランBが目指すのは、

「将来生き残る産業・職種における安定した雇用創出」と「実質賃金（ないし生活水準）の向上」を最大化することです。

結論を先取りしますが、プランBを実現するための最も重要な三つの政策提言を挙げると、

（1）予防医療教育に関連する職種・雇用を大規模に創出すべき
（2）プランB下の新たな雇用は、営利企業ではなく、「地方移住促進」の一環として地方自治体政府ないし地元の「非」営利民間団体（NPO）が提供すべき
（3）日本・韓国・台湾を含む北東アジア経済共同体創設の準備をあらゆる分野で進めるべき

以上の三つです。これらの提言の根拠として、本書では一〇〇を超える文献を参照・引用した上、私のオリジナルの計算も含めました。

既存の日本再生論では、「文化・芸術・人文社会科学は、カネにならないので無駄。民

営化で淘汰《とうた》すべき」との意見が見られます。それに対し、私の再生論は「文化・芸術・人文社会科学は、『非』営利団体が実施する限り、地元（日本）にとって、カネに換算できる高い価値がある」ことをデータに基づいて提示します。

具体的には、文化・芸術・人文社会科学が、上記の政策提言（1）の予防医療教育に大きく「貢献」し得ることを示します。この「貢献」を科学的・学術的に「正しくカネに換算」すると、非常に高い価値があることをオリジナルの計算例を挙げて説明しました。「カネに換算」する計算方法には、「複数の正しい方法」があります。地方・日本再生の目的にふさわしい計算方法を、本書で紹介します。

本書を手にとってくださった皆さんが、ご自身のキャリア形成を考える際、プランAの業界での成功を目指しているなら、プランAのリスク評価の一環として本書は役立ちます。反対に、プランAでの成功に疑問を持ち始めているなら、別のキャリアプランを考える一助として、本書からヒントが得られるはずです。いずれにしても本書の議論が、皆さんを勇気づけるものであるよう願ってやみません。

目次

はじめに──3

第1章　なぜ「プランA」は日本で失敗するリスクが高いか──14

1　本書の「プランA」とは何か
2　グローバル企業の視界から消えつつある日本
3　「プランA」のグローバル市場で、敗北が続く日本企業
4　「プランA関連の日本企業支援」を掲げながら、失敗が続く日本政府の政策
5　日本でプランAを成功させる「前提条件の整備」だけで、最低一〇年は必要
6　前提条件を整備した後も、日本でプランAが成功する確率は非常に低い
7　日本でプランAが成功しても、「一九八〇年代までの日本」は再現できない

第2章　「プランB」とは何か？　76

1　三つのプランA・B・Cの定義と相互関係
2　プランAが「成功した」米国で、将来「生き残る」産業部門とは？
3　日本のプランBが含むべき「需要がなくならない」産業部門・職種
4　日本のプランB関連産業の景気刺激と雇用創出の効果は大きい
5　プランAもBも成功するための専門分野間の資源の配分

第3章　「プランB」が地方経済を救う　120

1　「平均寿命一八年以下」の米国大企業より、地方自治体が長生きしたければ
2　富と人材の「流出（漏れ）を防げる」のは、地方自治体を含む「非」営利組織
3　実体経済を「回す」ために必要なのは、プランB関連の雇用の創出
4　「99％」の住民の賃金を「上げられる」のは、地方自治体を含む政府
5　「上がらない、回らない、漏れる」地方経済を助長してきた不適切な経済評価
6　コロナ危機で露呈した「長年の宿題」に取り組めるのは地方自治体から？

第4章　日本再生のためのビッグ・ピクチャー――195
1　プランBの一例の潜在的経済規模は米国で一〇〇兆円、日本で一四兆円
2　プランBが含む「新しい予防医療」分野での大規模な雇用創造
3　大都市の綱渡り生活者に薦める、プランBの一環としての地方移住
4　地方の「非」営利部門だけが可能な「所得倍増計画」
5　「北東アジア経済共同体」はなぜ必要か

おわりに――280

参考文献――287

図版作成／MOTHER

第1章　なぜ「プランA」は日本で失敗するリスクが高いか

1　本書の「プランA」とは何か

一九九〇年にバブル経済が崩壊して以来、三〇年以上前から繰り返し提言されている日本再生論の大枠はどれも同じです。それは金融政策、財政政策、新産業創出の三つです。

前者二つの金融・財政政策は、マクロ経済政策とも呼ばれ、政府にしか発動できません。新産業創出については、既に数多くの書籍が出版されている上、一連の支援政策が日本政府により実施されてきました。書籍・政策で紹介されている米国や諸外国の成功例、特にIT産業、バイオ産業、金融工学を用いる金融産業を模倣する日本の再生策を、序文で記したように、プランAと本書では呼ぶことにします。

現在の日本に必要なマクロ経済政策は、反緊縮、すなわち金融緩和政策と財政支出を増大させる政策であると、私は考えています。これについては、ノーベル経済学賞を受賞した米国のコロンビア大学教授のスティグリッツ氏やニューヨーク市立大学教授のクルーグマン氏も同様の提言を行っています。

もっとも、本書の主眼は新産業創出ですので、マクロ経済学理論の論争に深入りはしません。なぜなら、ノーベル経済学賞を受賞した経済学者の間ですら、経済成長のための金融政策を緩和するのか緊縮するのか、また、財政政策においては緊縮か反緊縮なのかといった理論的論争は、当分収束しそうにないからです。

日本の指導者層は、特定の産業を選択した上で、限られた国内の財政・人的資源を集中させることによって、結果的にプランAが大成功することに賭けているようです。例えば、プランAに関連するITやバイオ企業を支援するために、補助金を含む様々な税制上の優遇策を設けています。また、プランA関連企業と大学の共同研究にも、政府は資金的・制度的に多大な支援を行ってきました。

残念ながら、過去三〇年にわたり、日本のプランＡは失敗し続けました。米国のアップルやグーグルのような革新的なＩＴ企業は生まれず、製薬企業では世界市場での占有率低下は止まりません[1]。日本の金融系企業は、一九八九年に、時価総額に基づく世界のトップ一〇企業の最上位四社を独占しました。**しかし、二〇一九年には、トップ一〇どころか、トップ一〇に残った金融系企業はゼロでした**[2]。

プランＡの成功により、ふたたび一九八〇年代、つまり「ジャパン・アズ・ナンバーワンの時代」が訪れるでしょうか？　私は、日本の指導者層が採用しているプランＡが、いままでの失敗を反転させ、今後一〇年以内に大成功するとは思えません。

理由は四つあります。

一つめは、現在、日本で議論され、実施されているプランＡの多くは、過去三〇年間で国際社会における経済・政治面の様々なルールを含む環境が、全く新しくなったことを考慮していないことです。

二つめは、今後こうした新しい国際環境に対応するためには、その前提条件を整備するだけで一〇年以上かかり得ることです。

三つめは、前提条件を整備したとしても、成功確率は国際的に極めて低いと予想されています。例えば、新薬の単位投資額当たりの成功率は、インフレ調整後も、過去六〇年間で約八〇分の一に低下しています(3)。

四つめは、諸外国で成功しているプランAは「日本の一九八〇年代の成功モデル」とはまるで異なることを、日本の指導者層は無意識なのか意図的なのか、考慮していないように見える点です。

2　グローバル企業の視界から消えつつある日本

ところで、第二次世界大戦以後七〇年以上の長期にわたり、米国は日本に多大な影響を与え続けました。また、日本はそれ以上に、米国の多くの制度を理想モデルと掲げ、模倣してきました。

　しかしながら、私の実感では、日本で広く共有されている米国についての基本的な「情報」の多くは、米国の現実から驚くほどかけ離れています。意外に思われるかも知れませんが、この情報ギャップは、私が米国に在住した過去二五年間、小さくなるどころかますます大きくなった印象があります。この情報ギャップの拡大は、日米間に留《とど》まりません。国際社会全体との関係にも同様の現象が起きています。

　これを埋めない限り、日本の再生論は空回りするでしょう。情報ギャップの典型例は、日米間ないし国際社会における日本経済の「存在感」のとらえ方が、国内外ではまるで違うということです。


　まず、経済規模の国際比較に最も使われている指標である、国内総生産（ＧＤＰ）についてのギャップです。国際比較時のＧＤＰの単位としては、「米ドルに換算したＧＤＰ」と「購買力平価で物価を調整したＧＤＰ」の二種類が頻用されています。私が知る限り、日本国内での国際比較の議論では、ほとんどの場合、前者の「米ドルに換算したＧＤＰ」

が使われています。

しかし、国際的な指標としては、「購買力平価で物価を調整したGDP」がより採用されるようになっています。なぜなら、例えば、A国の一人当たりのGDP（一人当たり所得と同じ）が、B国の二倍だとします。しかし、A国の全ての物価が、B国の二倍だとすれば、実質的な生活水準はこの二国間で差はありません。また、米ドルとの為替レートの変動には、実体経済以外の多くの因子が影響するため、「購買力平価で物価を調整したGDP」のほうが、経済学・国際ビジネスの世界では、より望ましい指標である場合が多々あります。「先進国クラブ」とも呼ばれるOECD（経済協力開発機構）による二〇五〇年の各国のGDP予想は、「購買力平価で物価を調整したGDP」を含めて行われています。[4]

世界における日本経済の「存在感」は、「購買力平価で物価を調整したGDP」を用いると、過去三〇年で劇的に低下しました。

図表1―2―1は、世界の五大経済国・圏の、世界全体のGDPと人口のそれぞれに占める割合の経時的変化を示しています。

図表1-2-1　世界の5大経済国・圏のGDP［%世界GDP］と人口［%世界人口（億人）］の経時的変化

GDPランキング	1990年[a]	2018年[a,b]	2050年[c,d,e]
1	**米国** GDP21.8% 人口5.0%(2.50億人)	**中国** GDP18.7% 人口18.7%(13.95億人)	**中国** GDP24.9% 人口14.4%(14.0億人)
2	**日本** GDP9.0% 人口2.5%(1.23億人)	**EU** GDP16.3% 人口6.8%(5.1億人)	**インド** GDP19.0% 人口16.8%(16.4億人)
3	**ドイツ** GDP6.0% 人口1.6%(0.79億人)	**米国** GDP15.2% 人口4.4%(3.27億人)	**米国** GDP14.7% 人口3.9%(3.8億人)
4	**イタリア** GDP4.2% 人口1.1%(0.57億人)	**インド** GDP7.8% 人口17.9%(13.34億人)	**EU**[f] GDP14.1% 人口5.1%(5.0億人)
5	**中国** GDP4.1% 人口22.8%(11.43億人)	**日本** GDP4.1% 人口1.7%(1.26億人)	**インドネシア** GDP4.8% 人口3.4%(3.3億人)

GDP: 国内総生産を平均力購買価（PPP。物価）で補正したもの。

a: %世界GDPと%世界人口の算出、および人口数はIMF World Economic Outlook（April 2019）https://www.imf.org/en/Publications/WEO/weo-database/2019/April および Population [Millions of people]. https://www.imf.org/external/datamapper/LP@WEO/OEMDC/ADVEC/WEOWORLD より。

b: 2018年の人口（推定値）を用いた。上記a: IMF World Economic Outlook (April 2019)より。

c: 2050年の日本は6位、GDP3.2%、人口1.1%（1.1億人）。7位はトルコ（GDP2.9%、人口1.0億人）、8位はブラジル（GDP2.6%、人口2.3億人）。

d: GDP予測は OECD.Stat: Economic Outlook No.103 - July 2018 -Long-term baseline projections（GDP, volume in USD, at constant 2010 ppp）より。 https://stats.oecd.org/viewhtml.aspx?datasetcode=EO103_LTB&lang=en

e: 人口予測は United Nations, World Population Prospects 2019: Data Booklet より。https://population.un.org/wpp/Publications/Files/WPP2019_DataBooklet.pdf

f: aのIMFのデータ（1998年－2024年）から、筆者が、2050年における「EUのGDP」を「ユーロ圏のGDP」の1.43倍と仮定。GDP、人口共に英国をEUに含めた。

一九九〇年では、G7（先進七ヵ国）の構成国が上位四ヵ国を独占。これらの四ヵ国に、五位の中国とほぼ同規模のフランスを加えたG7の五ヵ国では、世界全体のGDPの約半分と人口の約一一パーセントを占めていました。次に、直近二〇一八年のデータを見てください。日本は世界のGDPランキングでは、既に二位のEUと四位のインドに抜かれ、五位に沈んでいます。さらに、二〇五〇年のGDPランキング予想では、五位にインドネシアが浮上し、日本は世界六位に陥落。

ユーロ通貨圏のGDPはEU全体の約七三パーセントに及びます。ユーロ通貨圏のGDPは、世界全体の約一二パーセントを占め、日本の約三倍の経済力を保持しています。つまり、EUは同一通貨の経済規模において、米国並みの連邦国家に近づきつつあるということです。

ビジネスや学術分野においては、EU内の国境は米国の州境並みに低くなっています。日本ではあまり知られていませんが、米国の州境は、日本の県境よりも高いのです。例えば、米国は医師・弁護士の資格を州ごとに管理しています。その結果、ニューヨーク州の司法試験に合格しても、カリフォルニア州での弁護士資格はありません。ちなみに、税制も、州ごとにかなり異なります。例えば、フロリダ州では、州の所得税がゼロです。

米国は、五〇州の制度間に意図的に多様性を認め、五〇州全体が同時に共倒れするリスクを避けているのです。

一九九〇年頃、欧米が新しいビジネスモデルに成功すると、当時、世界第二位の巨大市場であった日本を目指したのは当然のことでした。しかし、二〇一九年現在、欧州の企業には、米国より巨大な市場が足もとにあります。

そして、欧米の企業が、足もとの経済圏の次に進出する巨大市場は、図表1―2―1が示しています。それは、中国とインドです。

二〇五〇年の予想値を基に海外の企業の戦略を予測すれば、日本市場は既に国際的な企業の「視界」から消えつつあるかも知れません。

一九九〇年に日本市場より優先される市場は、世界人口のわずか五パーセントの米国のみでしたが、二〇一八年には、世界人口の約半分を占める四つの市場が、日本市場の前に大きな存在感を示しているのです。

世界中の野心的な企業が、縮小する一方の日本市場よりも先に、世界GDPの約六〇パーセントと世界人口の約半分を占める四大市場に目を向けるのは当然です。

その一例は、東京証券取引所に上場する外国企業の数が、ピーク時の一九九一年の一二七社から、二〇一九年の四社に激減したことにも表れています。

世界経済の中心地域は複数ありますが「日本以外」の四大市場になりつつあります。つまり、**日米欧が世界経済の中心の三極だった時代は完全に終わりました。**この苦い現実を、直視しなければ、対策を誤るでしょう。

国内で使われる「物価調整なしの米ドルに換算した名目GDP」を採用したデータを見ると、日本の地盤低下はここでも明白です。

例えば、二〇一八年の三大経済国・圏は、図表1―2―1とは違い、米国と中国のランキングが入れ替わります。しかし、依然として、四位の日本より上位の三大経済国・圏

（米国・EU・中国）だけで、世界GDPの六二パーセント、世界人口の三〇パーセントも占めていることに変わりはありません。

さらに、近年、国際的に自由貿易を抑制する勢力が、政治的に伸長しています。世界が現在よりも分断されたブロック経済に向かって進んでいるのです。単一市場としては小さ過ぎる日本に残された選択肢を、真剣に考えるべき時期がきたと言えるのではないでしょうか。

3　「プランA」のグローバル市場で、敗北が続く日本企業

「経済圏の市場サイズ」の視点から、日本市場の国際的存在感の低下が明らかとなりました。もちろん、日本国内市場のサイズが小さいとしても、多くの日本企業が高い国際競争力を持つ限り、日本以外の巨大市場で利潤を上げることは可能です。そうすれば、日本市場の世界的存在感がたとえ低下しても、先進国と呼べる生活水準を、日本国内で維持することも可能です。

しかし、残念ながら、低下しているのは市場サイズだけではありません。日本の企業全体の国際競争力の総和とも言える「国レベルの国際競争力」もまた、一九九〇年代後半から急速に低下しているのが実情です。

スイスにあるビジネス・スクールのＩＭＤ（国際経営開発研究所）が毎年発表する国レベルの国際競争力ランキングがあります[5]。これによると、日本は、一九八九年から四年連続世界一位でした[6]。

しかしその後、一九九三年から一九九六年までに、順位は二位から四位にまで徐々に低下。そして、山一證券や北海道拓殖銀行が破綻した一九九七年には一七位まで急落しました[6]。

一九九七年以降、日本を含めた先進六ヵ国の国際競争力ランキングの経時的変化を示したのが図表1―3―1です。一九九七年以降、このランキングの首位は、米国の指定席に近い状態です。日本の順位は長期的な低下傾向にあり、一七位だった二〇〇九年以降、二〇位以内にも入れず、二〇一九年は三〇位。この表では、米国だけでなく、英国・ドイツ

図表1-3-1　先進諸国の国際競争力ランキングの経時的変化

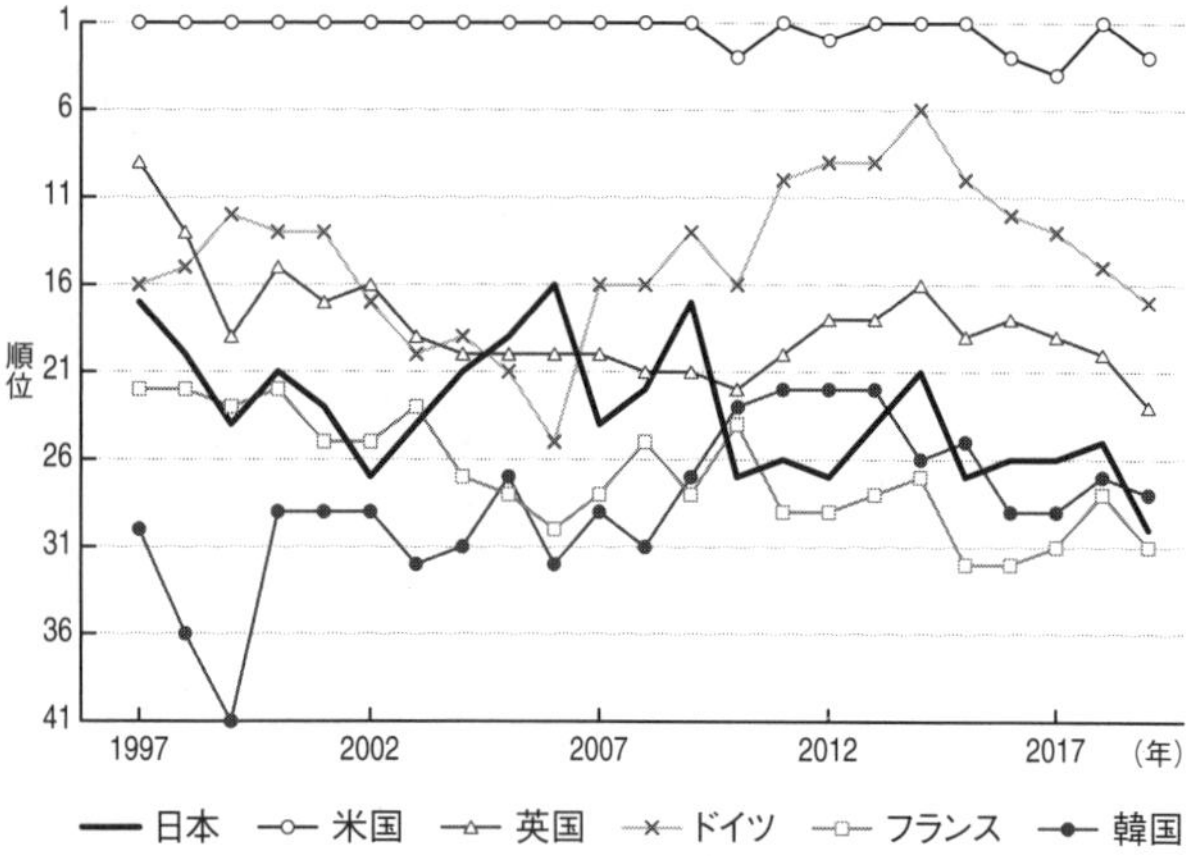

© IMD WORLD COMPETITIVENESS ONLINE 1995 – 2019より筆者作成

と比較しても、ほぼ一貫して日本は低い順位にあります。韓国が初めて日本より高いランクに入った二〇一〇年以降、日本と韓国はほぼ同水準です。

この図表には含めていませんが、同じデータによると、既に一九九〇年代後半からほぼ一貫して、日本はシンガポール、香港、台湾というアジア三ヵ国・地域に遅れをとり続けています。つまり、あらゆる経済指標において、日本が世界一位どころの話ではなく、アジア諸国間で一位を確保していた時期ですら、二〇年以上も昔の話なので

図表1-3-2　世界の時価総額上位20/50/100 企業に占める日本企業数の経時的変化

	1989年	1997年	2010年	2019年
上位20位	14	3	0	0
上位50位	32	4	1	1
上位100位	53	13	5	2

The Business Week: Global 1000（1989年、1997年データ）および、Forbes: Global 2000（2010年、2019年データ）より筆者作成

す。

「国レベル」の国際競争力が低下しても、「企業レベル」での国際競争力を維持する日本企業もあるのではとの反論が聞こえてきます。しかし、残念ながら、それは幻想に過ぎません。というよりも、先に説明した国レベルの国際競争力のデータよりも、国際競争力を持つ日本企業数データは、さらに深刻です。

図表1―3―2では、企業レベルの競争力の指標として、企業の時価総額を基準にした、世界の上位二〇／五〇／一〇〇企業に占める、日本企業の数の経時的変化を示しています。

日経平均株価が史上最高値三万八九五七円を記録し、日本経済のピークとも言える一九八九年には、世界企業ラン

キングの上位二〇企業のうち、日本企業は一四社を占めました(7)。これら一四社の内訳は、金融系（銀行、証券会社）が七社、製造業が五社、電力会社が一社、情報・通信業が一社でした。

一九九〇年からの日本企業数の落ち込みは、コラムニストの小田嶋《おだじま》隆《たかし》氏による「墜落」という表現が的確です（日経ビジネス電子版、二〇一九年一二月一三日）。上位二〇企業にランクインした日本企業は、一九九七年に三社、二〇一〇年以降はゼロです。上位五〇企業にランクインした数は、一九八九年に三二社、一九九七年に四社、二〇一〇年以降は、わずか一社（トヨタ自動車）のみ。上位一〇〇企業の数は、一九八九年、一九九七年、二〇一〇年、二〇一九年にそれぞれ五三社、一三社、五社、二社（四六位のトヨタ自動車と、八三位のソフトバンクのみ）という数字を辿《たど》っています。わずか三〇年で、日本の企業レベルの国際競争力は、大幅に低下しました。

ちなみに、直近の二〇一九年に上位五〇企業に含まれる日本以外の企業は、中国で八社（最上位は七位）、韓国で一社（一三位）、台湾で一社（三〇位）、香港で一社（三九位）です。

日本企業の最上位であるトヨタ自動車（四六位）は、この指標において、アジアのトップ一〇企業ですらありません。なお、トヨタ自動車は一九八九年の世界トップ二〇企業の一つで、世界一一位でした。

「国レベル」でも「企業レベル」でも日本の存在感が低下した理由の一つは、世界中からヒト・カネを集められる魅力的な企業またはビジネスモデルが、一九九〇年代以降の日本で生まれなかったからです。

ハーバード大学ビジネス・スクール教授のクレイトン・クリステンセン氏は、過去の日本の企業戦略におけるイノベーション戦略を分析しました。その分析手法として、利益増大の視点から、イノベーションを、（1）「市場開拓型（破壊的）イノベーション」、（2）「持続的イノベーション」、（3）「効率化のためのイノベーション」の三つのタイプに分類したものを用いました[8・9]。

この分類の一つめは、過去になかった製品・サービスを開発し、新しい市場を開拓するイノベーションです。近年の成功例は、「iTunes」などを開発したアップルです。日本経済がピークだった一九九〇年以降、このタイプのイノベーションで成功した日本のケースは、任天堂のゲーム「Wii」の一例だけであると、同教授は指摘しています。(8)

世界的に売れているトヨタ自動車のハイブリッド車の評価は、あまり高くありません。なぜなら、ハイブリッド車が売れる台数だけ、ガソリン車の販売台数が減少するため、自動車全体の市場サイズそのものは変わらないからです。ですから、ハイブリッド車の開発は、同氏のイノベーションの二つめのタイプ、「持続的イノベーション」に含まれます。(10)

この二つめのタイプのイノベーションは、既存の製品を改善するだけで、企業の成長につながらないと同氏は厳しい評価をしています。(9)

三つめの「効率化のためのイノベーション」は、成熟した製品の低価格版を既存顧客層に売るタイプのイノベーションです。成功例は、格安販売モデルを定着させた世界最大の小売業、米国のウォルマート・ストアーズです。(9)このタイプのイノベーションの負の側面は、雇用の減少を招くことです。低価格な商品を購入できることは、消費者としては望ましいことかも知れません。しかし、それが「雇用減少と賃金低下」を伴う場合、手放しでは歓迎できません。

なぜなら、この「効率化のためのイノベーション」の中身のほとんどは、「コスト・カット」だからです。もちろん、何らかの技術革新やマーケティングを含むマネージメントの革新による「コスト・カット」も可能です。しかし、日本の多くの企業はこれまで、雇用者の賃金カットないしは雇用者数のカット（つまり、クビ）という最も安易なイノベーションに頼ってきました。日本の企業が一斉に賃金抑制に走り、その結果、日本国内需要が冷え込み、需要低下にもかかわらず、企業利益を確保するため、さらに賃金抑制を行うという悪循環に陥っています。

クリステンセン氏は一九九〇年代以降の日本のイノベーションは、「持続的イノベーション」と「効率化のためのイノベーション」に集中してきたと分析しています。同氏は、日本で、市場開拓型・破壊的イノベーションが数多く生まれたのは、一九五〇年代から七〇年代初頭の限られた期間であるという、日本企業には耳の痛い点を指摘しています(9)。

クリステンセン氏は、本書で言うところのプランAの世界的権威です。プランAの成功を真剣に目指すなら、過去三〇年以上の日本企業におけるパフォーマンスに対して、同氏が厳しく評価する内容に、日本の指導者層、また企業経営に関わるエリートは、もっと耳を傾けるべきでしょう。

4 「プランA関連の日本企業支援」を掲げながら、失敗が続く日本政府の政策

ところで、一九九〇年代前半まで高い技術的競争力を持った日本企業が、一九九〇年代後半以降、急速に技術的優位性を失い、競争力において失速した理由は何でしょうか?

日本の大企業のほとんどは、一九九〇年代まで終身雇用制を維持していたので、日本企業で働く人々の質が突然「絶対的に」低下したとは考えにくいでしょう。

従って、外的要因、例えば「日本以外の経済環境」の変化に対し、日本以外の企業が日本企業に比べ、相対的に上手《うま》く適応したと考えるべきではないかと思われます。

ただし、政府の政策は、「プランA関連の日本企業支援」を掲げながら、明らかに失敗し続けました。一橋大学名誉教授の野口悠紀雄《ゆきお》氏は近著において、以下のように述べています[11]。

最も重要な点として、経済回復の政策が、戦後の高度成長期以来現在まで、輸出主導型経済を堅持していることを挙げています。政府は、ただひたすら企業の輸出を増やすため、大規模な為替介入を行い、円安誘導してきました。

円安下では、企業努力がなくても、海外に輸出する日本製品の価格が低下します。その結果、価格競争力が上がるため、短期的には輸出を増大させます。しかし、為替介入が長期化すれば、企業は政府の為替介入に依存し、技術革新や産業転換への動機が低下し、競争力の低下が加速します。

リーマン・ショック前の円安の時期に、日本企業の経営者は産業衰退の本当の理由を追求せず、円安にさえなれば日本の過去の繁栄が再現できると誤解しました。このことから、野口氏は、企業経営において「円安は麻薬」とまで述べています。

日本政府による円安政策は、皮肉なことに、製造業の世界的潮流の変化に日本企業が逆行する「支援」をしたことになりました。累計支援額は莫大《ばくだい》です。二〇〇三年一月から二〇〇四年四月までの為替介入の累積額は、三五・二兆円にも上りました。[11] 二〇〇三年度の日本の税収総額が四三・三兆円だったことから考えると、その額の異常さは明らかでしょう。

さらに、この長期にわたる巨額の為替介入を停止したのは、日本政府及び日銀ではありません。当時のＦＲＢ（米国連邦準備制度理事会）グリーンスパン議長の「警告」を受け、初めて日本政府と日銀は介入を停止したのです。このことの深刻さに、留意しなくてはなりません。

グリーンスパン議長の警告には複数の意味がありました。
円安を目的とする日本政府及び日銀の為替介入時には、多くの場合、米国債を購入するという形を取りました。海外の投資家が米国債を購入することは、財政赤字を抱える米国政府にとって、基本的には歓迎すべきことです。しかし、日本の米国債購入金額は、限度を超えて多額でした。すなわち、民間市場に政府はできる限り介入すべきでないという原則が歪《ゆが》められるリスクが大きくなり過ぎたために、「警告」を受けたのです。また、日本政府による円安ドル高介入が、米国企業の輸出競争力を弱める可能性も危惧されました。

つまり、グリーンスパン議長は、米国政府のリスクよりも、日本のリスクのほうを博愛的に心配したわけではないのです。

例えば将来的に、日本の金融政策が日本全体にとって大きなリスクになっても、米国にとって小さなリスクとしか認識されないケースもあり得ます。このケースでは、間違った方向へと導く日本の金融政策を誰も止めてくれません。この「制度上のリスク」とも言える構造が、現在の日本にも未だ残されています。

加えて、日本政府は、明治時代から一貫して「政策の無謬《むびゅう》性」を前提としています。つまり、「お上の言うことに間違いはない、失敗はあり得ない」という姿勢です。

しかし、日本の指導者層に強く感じるのは、変更が容易でない政策の無謬性だけではありません。「日本政府が間違った政策を実施しても、そのうち米国政府が止めてくれる」という「甘え」に似た意識が、戦後七〇年以上経《た》つうちに「制度化」したのではないか。私はその危険を強く感じます。

このような甘えは、「国家主権（自己決定権）の不足」という、日本において長く続いた状態から生み出されたものでしょう。だとすれば、日本は必ず、国家主権を回復しなくてはなりません。

また、野口氏は、財政政策の要として行ってきた製造業への直接的な補助金が、新しい産業や企業の誕生を阻害したとも批判しています[11]。

野口氏による日本の製造業衰退や新産業への転換失敗の分析の中で、私も賛同できる分析をここまで紹介してきました。

しかし、米国が新産業への転換に成功したのは、民間主導で行ったからであり、政府の計画ではないという野口氏の主張[11]については、賛同しません。なぜなら、米国政府は、自国の新産業への転換に、大きな役割を直接的かつ間接的に演じたと私は考えるからです。

米国政府は、新産業育成のための大学発のベンチャー企業を促進する政策や、間接的に女性や外国人の登用、マイノリティの人権保護政策を行いました。これらが実際に新産業への転換に貢献したことを次節で紹介します。

5　日本でプランAを成功させる「前提条件の整備」だけで、最低一〇年は必要

これまで、日本の政府が継続する予定のプランAについて、過去三〇年一貫して失敗し続けた事実を紹介してきました。

ここでは、原点に立ち返り、日本政府がプランAを継続するならば、そのための環境整備が必要ではないか、そして、それはすぐに始めることができるのか、という点を吟味してみたいと思います。

私の理解では、前提条件にたどり着くまで、つまり、環境が整備されるまでに最低一〇

年はかかると思われます。

前提条件を考える際の二つのキーワードは、「人材不足」と「エリート層の間での競争不足」です。これらの二つのキーワードは、密接に関連しています。むしろ、意図的な「競争の回避」の結果、国際社会と比較した時の決定的な「人材不足」という惨状を招いているとも言えます。

意図的な「競争の回避」の一例は、エリート層の間で行われている競争から、女性が構造的に排除されていることです。この排除の構造は、国際比較を行うと容易に可視化できます。その一例が、「男女平等ランキング」として日本のメディアにもよく取り上げられる「世界ジェンダー・ギャップ報告書」です。

是非留意して欲しいことは、この報告書を出しているのは、人権団体ではなく、「プランAの成功者の世界的組織」と言える世界経済フォーラム（WEF）であることです。WEFは毎年、スイスのダボスで約三〇〇〇人規模の国際会議を主催しています。その会議には、日本のプランAのお手本である世界の大企業の経営者が多く参加します。

なぜ日本国外のプランAの成功者たちは、男女平等に興味があるのでしょうか？

それは、「男女平等ランキング」と「経済的な国際競争力のランキング」には、強い相関関係があるからです。すなわち、前者のランキングの上位国と後者のランキングの上位国は重複しています。北欧諸国がその代表例です。もちろん、相関関係は必ずしも因果関係を意味しません。しかし、日本が近年、これらの二つのランキングにおいて、同時に低下していることは、因果関係を示唆します。


可能性のある因果関係の一つは、「能力にふさわしい社会的地位を女性に与えない社会は、人的資源の有効利用に失敗している。ひいては、社会全体の経済的競争力が低下する」という説明です。日本の女性差別が、競争力低下の一因であることの説明でもあります。

「利用可能な人的資源を最大限に活用するという経済戦略的思考」または「男女平等を含む、基本的人権の尊重という価値観」の、少なくとも一方を持つ個人・社会なら、「男女平等を実現する政策・制度」に賛成できます。

従って、「男女平等ランキング」で逆走している国は、これら二つを同時に否定する方向に舵《かじ》を切ったと国際社会から判断されるでしょう。別な言い方をすれば、男女平等の実現に消極的でありながら、資源の有効活用や経済効率の向上を主張するならば、それは自己矛盾だと言えます。


ここからは、日本の「逆走ぶり」を見てみましょう。

二〇一九年一二月に発表されたWEFの「男女平等ランキング」では、日本は史上最低の一二一位（前年一一〇位）に後退しました。主要先進国G7中、日本を除く六ヵ国の順位は、ドイツ一〇位、フランス一五位、カナダ一九位、英国二一位、米国五三位、イタリア七六位と、二桁台でした。これと比べて、日本は極端に低いだけでなく、中国の一〇六位や韓国の一〇八位よりも低く、さらに日本は、二〇一五年の一〇一位からほぼ毎年、段階的に順位を低下させています。(12)

「男女平等ランキング」において日本が先進国で最低水準にランクされている。これは、日本の圧倒的に男性を中心としたエリート層が、人口の半分を占める女性を構造的に排除し、「高い社会的地位に就く競争」に参加できる集団のサイズを小さくしていることを示します。このような排他的行為に、先進国の中で日本社会は突出して熱心であることの表れである、そう私は解釈します。

国際的な大学ランキングを発行し、日本でも知られている、高等教育についての英国の週刊誌「タイムズ・ハイヤー・エデュケーションズ」の二〇一四年一〇月九日号には、こんな記事が掲載されています。

タイトルは「意欲的・野心的な日本の女性科学者は、男性優位の日本から去る」。記事は、名古屋大学の学長が、優秀な女性研究者が日本から海外に「大量流出・移住(exodus)」している状況を深く憂慮していることを報告しています(1)。

海外で働いている日本人の自然科学研究者二万四〇〇〇人のうち、女性研究者が占める割合は六〇パーセントであり、日本国内の女性自然科学研究者の比率一〇パーセントよりはるかに高いこともこの記事は伝えています。

日本での競争から排除された優秀な女性が外国に移住し、外国の大学・企業の国際競争力の向上に貢献しているのです。この状況は、ある種の「ブーメラン効果」と呼べないでしょうか？

国際的水準から見て、極めて深刻な女性に対する差別を放置している一因は、「日本は国内の男性だけで人材を十分に供給できている」という誤った認識です。ここでは日本の危機的な「人材不足」を示す計量的なエビデンスから紹介します。

まず、大学の国際ランキングを見てみましょう。

図表1―5―1は二つの指標を含み、一列目は、コンピューターサイエンス学科の国際ランキングです[13]。二列目は同じ大学の、コンピューターサイエンス学科を含む全学部の国際ランキングです。コンピューターサイエンス学科に注目したのは、プランAに含まれる人工知能などのIT分野のみならず、生命科学、金融工学といった分野にとっても不可欠な学問分野だからです。プランAが最も成功している米国の雑誌「US News and World Report 2020」（二〇一九年）のランキングデータを引用しました。

図表1-5-1　コンピューターサイエンス学科と全学部の世界大学ランキング

コンピューターサイエンス学科のランキング	全学部含めた大学ランキング	大学名	国
1	(36)	清華大学	中国
2	(43)	南洋理工大学	シンガポール
3	(51)	キング・アブドゥルアズィーズ大学	サウジアラビア
4	(34)	シンガポール国立大学	シンガポール
5	(34)	テキサス大学オースティン校	米国
6	(311)	東南大学	中国
7	(136)	上海交通大学	中国
8	(245)	華中科技大学	中国
9	(3)	スタンフォード大学	米国
10	(2)	マサチューセッツ工科大学	米国
134	(74)	東京大学	日本
168	(255)	東北大学	日本
224	(242)	大阪大学	日本
241	(124)	京都大学	日本
245	(325)	九州大学	日本

US News and World Report 2000（2019年）より

コンピューターサイエンス学科の日本のランキングは、皆さんにとっても衝撃的ではないでしょうか？　上位一〇位のうち「日本を除く」アジア三ヵ国から七大学がランクインし、最上位四位も占めています。かつて最上位を占めた米国の大学は、三校のみトップ一〇校にランクインしているだけです。

日本の最上位である東京大学は一三四位で、前々回のランキング九一位から比べても急落傾向にあります。ランクインした日本の他の四大学のランキングは、一六八位から二四五位です。このように、プランAを下支えするコンピューターサイエンスが低迷している限り、日本のプランAが成功する確率も低いままだと言えるでしょう。

この図表の二列目にある全学部の国際ランキングについても、世界のトップ一〇〇校にランクインしたのは、七四位の東京大学のみです。これらの二つの指標以外でも、日本の大学のみならず企業研究所の研究水準が、ほとんど全分野で一九九〇年代以降急激に低下しました。日本の研究水準は、既に先進国で最低か、下手をすると先進国と見なされないレベルです。

日本の研究水準の急激な低下は、毎日新聞取材班による『誰が科学を殺すのか 科学技術立国「崩壊」の衝撃』[14]、豊田《とよだ》長康《ながやす》氏の『科学立国の危機 失速する日本の研究力』[15]、山口栄一氏の『イノベーションはなぜ途絶えたか 科学立国日本の危機』[16]で詳細なデータとともに説明されています。これらの文献を一読すれば、プランAが想定するタイプのイノベーションを創出する人材を、これまでどおり、日本国内の男性のみで供給することが絶望的であることは明らかです。

日本国内で研究者を教育・供給することが絶望的に困難な上、海外留学も円安などが理由で減少傾向にあります。この状況の、根本的かつ即効性がある対処方法は、外国人研究者を日本の大学・企業内研究所で雇用することです。この提案は、自然科学分野のノーベル賞研究の多くが掲載された学術誌「ネイチャー」の編集長のインタビューや[17]、外交分野で国際的に評価の高い雑誌「フォーリン・アフェアーズ」の日本特集記事[18]、先述の「タイムズ・ハイヤー・エデュケーションズ」の記事でも[1]、異口同音に薦められています。

つまり、日本は諸外国に比べ、外国人研究者の割合も極端に低いことを、これらの雑誌は問題視しているのです。米国を含めた諸外国は、大学教員・学生の多様性を確保する(性別、人種・民族、社会階層などによる偏在・差別をなくす)ために、様々な研究費・奨学金を設けています。その理由は、「平等な社会の実現を目指す」だけではありません。「ネイチャー」の編集長が述べているように、「多様な視点を持つことは、研究分野に限らず、生産性や創造性が増し、よりよい成果を得られることがわかっている[17]」ためです。

日本の研究水準の急激な低下は、「ネイチャー」や「フォーリン・アフェアーズ」が集中して取り上げるほど、国際的な知的サークルから、不名誉な意味で高い注目を浴びています。これらの国際的な一流雑誌記事の分析・問題解決のための提言の多くについて、私は基本的に賛成です。

これらの雑誌の提言は、女性、外国人研究者を日本の研究機関で雇用し、研究者間で「広義の競争」を促すことです。

「広義の競争」とは、専門分野や、受けた高等教育が異なる研究者たちが、学際的な「チーム研究」をすることで、革新的なアイデア・結果が生まれてくることです。

そうした考えと真逆の意識で、均質かつ小さな集団の中での競争に没頭したのが一因で、日本の学術研究水準は先進国で最低レベルになったとも言えます。

日本の大学が、主要先進国レベルに追いつくためには、研究費と研究人員を少なくとも一・五〜二倍に増加させる必要があります。[15] この目標を達成する際には、新たに雇用する研究者（特に教授クラス）に女性・外国人をできる限り多く含めるべきでしょう。仮に日本政府がこの目標をただちに採用するにしても、別の深刻な問題である「男女差別が深刻だから、女性研究者が外国に大量に逃げ出す日本に、果たして世界中の女性研究者が来てくれるのか」と「そもそも外国人研究者は日本に来るのか」といった大きな問題を、その前に解決する必要があります。

おそらく、上述の男女平等ランキングにおける日本の順位が大幅に改善されない限り、優秀な女性研究者に日本で継続して研究してもらうことは、非常に困難かと思われます。

図表1-5-2　国際的な人材にとって魅力的な国のランキング

世界ランキング 2019	国	ランキング前年比
1	スイス	-
10	シンガポール	+3
11	ドイツ	-1
12	米国	-
13	カナダ	-7
15	香港	+3
20	台湾	+7
22	マレーシア	-
24	英国	-1
25	フランス	-
33	韓国	-
35	日本	-6

https://www.imd.org/wcc/world-competitiveness-center-rankings/world-talent-ranking-2019/　Accessed December 8, 2019. IMD WORLD COMPETITIVENESS ONLINE 1995-2019より筆者作成

　さらに、性別によらず、大学に限らず、企業が必要とする国際的な人材にとっても、日本の魅力が非常に低いことを示すデータがあります。

　国レベルの国際競争力ランキングを毎年発表しているＩＭＤは、国際的な人材にとって魅力的な国のランキングも発表しています。図表１―５―２に示したこのランキングでは、ＩＭＤが立地しているスイスが一位で、欧州諸国が上位を占めています。[19]

　これらの上位国と日本の比較よりも、日本（三五位）が東・東南アジア五ヵ国より低位であることのほうが重大で

す。なぜなら、このランキングから、上位を占める欧米諸国のみならず、これらの東・東南アジア五ヵ国出身の人材が、日本に来る確率が低いと解釈できるからです。また、このデータは、世界中の人材がアジアで働くことを考える場合も、日本より先に、他のアジア五ヵ国を検討する可能性が高いことも意味します。

しかし、日本の多くの大学人の意識はそうした現実からかけ離れています。私は実際に「日本は世界中の人々が憧れる素晴らしい国なので、たとえ日本の大学の給与が低く、研究環境が悪くても、外国から優秀な研究者たちが来るのは当然だ」と真剣に語る数多くの大学教授に会いました。IMDのような「外部の目」から見た、国際的な人材獲得競争における日本の正確な地位を、大学・研究機関は知る必要があると考えます。さもなければ、日本人が知っているつもりの「日本についての情報ギャップ」は、国際社会と日本の間で広がる一方です。

テレビ東京の人気番組「YOUは何しに日本へ?」は、既に日本を選んで来た観光客を対象にしています。このような番組の情報よりも、日本再生にとってはるかに必要度が高い情報は、「日本が必要としている人材であるYOUはなぜ日本を選ばず、日本以外の国で働いているか？」です。

私の知る限り、このような情報はありません。

日本の大学・企業・政府が、外国からの人材の招聘《しょうへい》を真剣に考えているのか、私には疑問です。日本は、女性だけでなく、外国からの人材も「できる限り」意図的に排除しているように見えます。そうすれば、日本のエリート層の男性は、さらにぬるい競争を享受するでしょう。果たして、それで良いのでしょうか？

人材こそ資源だと考える米国の実情をお話ししましょう。

米国の大学が優秀な人材（教員・学生）獲得のために使う資源（お金、時間など）は、膨大です。これは、米国で博士号を取得後、四回転職した上、複数の大学で教員や学生のリクルートに関与した私自身の経験から確信を持って言えることです。

大学の教員ポストに応募する場合、研究者は最低でも五〇校程度に申し込みをします。

ランキング上位の大学には、一つの教員ポストに一〇〇人以上の志願者が申し込むことも珍しくありません。

教員ポストの中でも、任期も定年もないテニュア（終身職教授）トラックの人材獲得競争はなお激しいものです。通常、最終候補者の三人に選ばれ、大学側の経費で招かれる際には、厳しい審査と同時に、例えば、地元の最高級レストランで教授たちと夕食をともにするなど、最大限の歓迎を受けます。私は、運良くテニュアトラックの最終候補者として米国の一〇以上の大学に招かれました。これらの大学の中でも、ハーバード大学医学部大学院は、米国の他大学に比べても、人材獲得に資源を惜しみなく投じていることを、個人的に体験しました。

その時は残念ながら、ハーバード大学には採用されませんでした。ハーバード大学から不採用の連絡を受けてへこんでいると、「ハーバード大学医学部大学院からテニュアトラックの最終候補者として招待されただけで名誉なことなので、履歴書に書けば次回の就職活動に役立つ」と、スタンフォード大学教授の友人に慰められました。これらの筆者のリクルート（される側とする側の）経験の詳細については、日本の大学にとって有用かも知れませんが、紙数の制限があるので、別の機会に述べたいと思います。

個人レベルに限らず、企業レベルでも日本の国内市場での競争から外国企業を排除する「競争不足」に触れた、経済産業省の元改革派官僚である古賀茂明氏の記事があります。氏は、日本への海外からの投資を増やすために必要であるにもかかわらず、日本の法令を英訳するプロセスの遅さを指摘しています。[20]

法令全体のうち既に英訳された割合で比較すると、日本はわずか一割で、韓国の九割（以上）に比べ顕著に低い。さらに、最近の法令の英訳公開までの期間についても、日本の「平均三年以上」は、韓国の「三ヵ月以内」や中国の「（多くは）二週間以内」に比べ、明らかに遅れています。古賀氏は、このような官僚の能力不足と怠慢の「お陰」で、外国企業との競争が少ない日本国内市場において、日本の無能な経営者も生き残ることができるのだ、と批判しています。

日本のプランAのモデルとなる成功例が集中している、米国のニューヨーク州（特にニューヨーク市）やカリフォルニア州（特にサンフランシスコやサンノゼを含むベイエリア）には世界から人材が集まります。そのベイエリアで会った日本のある大学教授は、二言目には（いや、一五分おきくらいに）、「ここベイエリアにあるモノは、全部東京にある」と繰り返しました。いまや東京に限らず、世界中の大都市は似たような「モノ」が溢《あふ》れているので、「モノ」で測れる豊かさだけでは人材は国外から集まりません。

国境を越えて移動すれば、人種・民族的マイノリティになる場合が少なくありません。そうした国際的な人材にとって、人権保護の観点から法律で守ってくれる都市・国は貴重です。例えば、マイノリティに対して「国に帰れ」というようなヘイト発言に最大二五万ドル（約二七〇〇万円）の罰金を科すニューヨーク市の法制度[21]、そしてそれを支える社会の価値観は、国際的な人材にとって大きな魅力です。

そもそも、出身国の抑圧的な政治体制を嫌い、米国を移住先に選ぶグローバル人材は少なくありません。政治体制の自由度の近似値とも言える報道の自由度ランク（国際ＮＧＯ

「国境なき記者団」が毎年発表）において、日本は二〇一〇年には一一位と高位につきました。しかし、二〇一三年以降、ランクは顕著に悪化しています。[22] 二〇一九年の日本の順位（六七位）は先進国の中で際立って低く、韓国（四一位）・台湾（四二位）よりも低位です。[23] **この状況は、グローバル人材の獲得にも影響を与えかねないほど深刻であることを、日本社会は認識すべきです。**

女性、人種・民族的マイノリティの人権を尊重する「法制度や社会的価値観」や「高い報道の自由度」が保証する「安心感」は、グローバル人材にとって何より大きな魅力です。

以上、日本のプランA成功の前提条件を整えるだけで、「少なくとも一〇年が必要」であるという、その根拠をご理解頂けたかと思います。「日本に住む日本人男性が感じる安心感」は、日本人男性だけが享受できる「特権」ではないか、と疑問に思うところから前提条件の整備を始めるべきでしょう。

さて、男女平等や外国人の受け入れは、大学・研究所から実現すべきですが、日本社会全体の価値観としても浸透させる必要があります。移民政策の改訂は一年で可能でも、大学・企業・社会が移民を受け入れる「心の準備」をするには一〇年単位の時間がかかります。日本はこれまで移民を受け入れる「心の準備」を進めることにも無関心でした。

もちろん、今後一〇年以上かかり得る準備期間のうちに、日本社会が「移民を受け入れない」選択肢を選ぶこともあるでしょう。

社会全体で合意した選択に、正誤はありません。ただし、その選択の後にも、プランAに資源を投入し続けるのは、誤りです。なぜなら、少子化による学生数の減少だけでなく、日本の学術研究の水準は過去二〇年で先進国中最低レベルまで悪化しました。プランAの成功に必須な人材は、日本国内だけではもはや供給不可能だからです。

米国で成功した大学発のベンチャー企業を促進する政策（SBIR）にならった日本の政策は、大失敗に終わりました。山口栄一氏（京都大学大学院総合生存学館［思修館］教授、理学博士）は次のように総括しています。[16] 日本では、専門知識のない行政官が巨大な研究費配分を決定し、専門知識のない企業が研究費を旧来型の中小企業支援として獲得した。

SBIRに採択された企業の代表者のうち、博士号取得者は米国の七三・七パーセントに比べ、日本はわずか七・七パーセントだった。

しかし、山口氏が日本における専門家不足を問題視しながら、女性研究者と外国人研究者の「不足」を重視していないことが、私には不思議に思えました。

山口氏が挙げる米国や英国におけるプランAの成功例と、日本の大学・研究界との顕著な違いの一つは、女性研究者と外国人研究者の割合です。この顕著な違いを軽視・放置したまま米英の成功例を追うのは、かなり無理があると思えます。

6　前提条件を整備した後も、日本でプランAが成功する確率は非常に低い

前節で提案した前提条件の整備に、日本社会全体がただちに取り組み、その結果、一〇年程度で世界中から人材（日本から外国に流出した女性の人材を含む）が日本に集まるようになると仮定します。

しかし、十分な数の人材だけでは、日本国内のプランAが成功する確率は依然として非

常に低いと考えられます。その複数の理由を挙げましょう。

最も深刻な理由は、本節のキーワードでもある、日本の「国家主権（自己決定権）」の不足です。日本の総合的な経済力・国力が現在よりもはるかに強かった一九八〇年代から一九九〇年代ですら、日本政府は米国政府に要請されるまま、自国の産業を衰退させる政策を採りました。

代表されるのが、米国政府の要請を受け入れた「日米半導体協定（一九八六〜九六年）」と「時価会計の導入（一九九七年）」です。これらの日本政府の譲歩が原因で、日本の半導体産業と金融産業は、一九八〇年代に世界最強と呼ばれた地位を、一九九〇年代以降、米国に譲りました。

日本政府が、今後も自国の国家主権（自己決定権）の回復を目指さない限り、米国政府の胸三寸で、日本で新たに成功した産業・企業が、「日本」政府により再度衰退させられる可能性は高いままです。

短期間で日本の国家主権の回復が期待できないなら、米国政府の干渉を受ける確率が

「低そうな」新産業分野を慎重に選び、その開発のために、日本の資源を集中させたほうが良いと考えます。

それにはまず、米国政府の干渉を受ける確率が「高そう」な分野を考えることです。

ここで過去の歴史を見てみましょう。

第二次世界大戦後、一九九一年にソビエト連邦が崩壊するまでの、冷戦期における米国政府の最重要課題は、ソ連の軍事的脅威に対応する安全保障上の問題でした。一九五七年に人類初の人工衛星「スプートニク一号」の打ち上げに成功し、米国で「スプートニク危機」という用語ができたほど、ソ連は軍事関連技術分野で米国を凌《しの》いでいた時代がありました。米国の懸念は、潜在的に高い軍事関連技術を持っていた西ドイツ（西独）と日本が、ソ連陣営に近づいて、米国に対する軍事的脅威が高まることでした。

第二次世界大戦で米国の敵陣営（旧枢軸国）であった西独と日本は、戦後、米国から重要な政策について強い干渉を受けたのは当然でした。米国は、北大西洋条約機構（NAT

O）や日米安保条約を通じて、旧枢軸国が独自の判断で軍事的行動を取ることを制限しました。それだけでなく、軍事関連産業にも、様々な制限を加えました。例えば、大型航空機や人工衛星の開発は、民間部門でも需要がありますが、ただちに軍事部門に転用可能ですので、強い規制がかかりました。具体的には、日本は航空機の開発・製造・修理を戦後七年間禁じられ、その影響は後々まで長く尾を引き、現在も欧米先進国から立ち遅れていると、日本航空宇宙工業会は報告しています。[24]

半導体産業を含むＩＴ産業も軍事技術と関連が高いため、米国政府は日本の半導体産業が優位となるのを懸念しました。米国政府が、日米半導体協定を冷戦時代の一九八六年に開始したのは、戦後の対日政策の一環だったとも言えます。しかし、冷戦が一九九一年に終了した後も、一九九六年まで日米半導体協定は継続されました。つまり、冷戦終了後も、米国の安全保障に関連する分野で、日本が米国より優位に立つことを、米国政府は引き続き懸念していたということです。

現在の日本のプランAは、ＩＴ産業、とりわけ軍事・安全保障分野と高い関連を持つ人工知能（ＡＩ）産業で高い競争力を持つことを目指しています。しかし、米国政府の懸念が続く限り、その成功は期待できないでしょう。仮に、近い将来、日本企業がＡＩ分野で華々しく成功したとしても、「日米半導体協定（一九八六〜九六年）」の改訂版である「日米ＡＩ協定」が結ばれ、日本のＡＩ産業が失速する可能性が濃厚だからです。

「外圧」ゆえにＩＴ産業の先行きが不確実なら、日本のプランＡのもう一つの柱であるバイオ産業はどうでしょう。

バイオ産業の技術の中には、生物兵器に用いることが可能なものもあり、軍事・安全保障分野と無関係ではありません。しかし、抗がん剤などの新薬開発や再生医療は、ＩＴ・ＡＩに比べれば軍事・安全保障分野とは関連が低いので、米国政府の干渉を受ける可能性は低いかも知れません。

しかしながら、日本のバイオ産業が、現在の自動車産業や過去の電機産業のように長期間にわたり安定した雇用と利潤を生む産業になる確率は、極めて低いと私は考えます。

新薬には、既存の薬よりも高い臨床効果と同時に安全性が求められます。基礎研究で探した新薬候補が実際に発売できる確率は二万〜三万分の一という報告がありますが[25]、厳密な統計がないため、正確な確率はこれよりもさらに低いでしょう。二〇一九年のサマージャンボ宝くじの一〇万円の当選確率が約一・四万分の一ですから、新薬を「発売できる」確率は、これよりも低いのです。

当然ながら、発売した新薬の全てが、開発費を回収した上で利潤を出せる、「成功した新薬」になるわけではありません。新薬として成功する条件の一つは、米国市場で販売するため、米国食品医薬品局（ＦＤＡ）の厳しい審査を受けて承認されることです。ＦＤＡの承認を受けた新薬一つ当たりの研究開発の金額が、インフレ調整後も過去六〇年間一貫して上昇していることを、図表1―6―1は示しています[3]。この図表を読む時に注意すべきは、縦軸が対数ですので、目盛りが「0,1,2,3」ではなく、「0,1,10,100」になっていることです。日本円で約一〇〇〇億円を新薬開発に投資した場合に、「ＦＤＡで承認される新

図表1-6-1　1000億円の開発費用投入当たりの新薬承認数の経時的変化

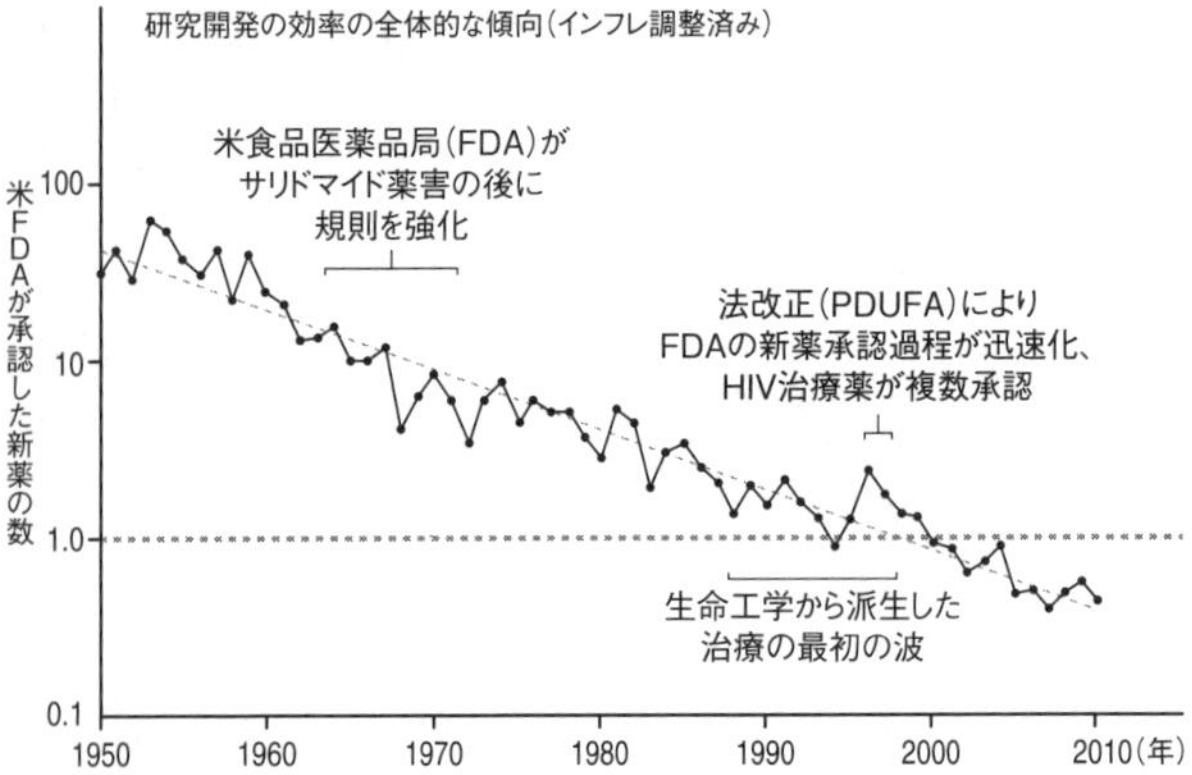

Scanell et al., “Diagnosing the decline in pharmaceutical R&D efficiency”, Nature Reviews Drug Discovery, 2012; 11(3)より

薬」が生まれる数は、一九五〇年に約五〇であったのが、二〇一〇年には（一にも満たない）約〇・六になりました。

この低下傾向が継続すると仮定すると、成功する前提条件に過ぎない米国ＦＤＡが承認する新薬をたった一つ生むために必要な投資額は、一九五〇年の「確率的に約二〇億円」に比べると、二〇二〇年にはなんと約五〇〇倍の「確率的に約一兆円」になります。

この「確率的に一兆円」とは、仮に一兆円を投資しても、「成功する新薬がゼロ」になる可能性があることを意味します。コインを投げて表の出る確率が二分の一なら、コインを二回投げれば確率的に一度は表が出ます。しかし、コインを二回投げても、表が一度も出ない可能性があるのと同じです。

日本政府の一般会計の総支出の一〇パーセントに近い一〇兆円投資すれば、成功する新薬が一〇程度期待できます。しかし、このような巨額な資金を集めることは、民間でも極めて困難です。そもそも、ハイリターンであってもハイリスクである薬開発事業は、民間で資金に余裕のある投資家（投資にリターンがなくても生活が困窮しない人々）に任せるべきだと、私は考えます。それを「民間から巨額な資金が集めにくい」という理由で、リスクが非常に高い新薬開発に直接税金を投入することは、正当化が極めて困難です。

また、新薬開発のために特定の企業に補助金として直接公的資金を投入することは、汚職の温床にもなります。

さらに、純粋に科学的エビデンスだけを根拠に補助金の給付先を決めることは、新薬開発の性格上、困難です。投資した公的資金が回収できなくても、新薬開発はハイリスクであることを盾に、容易に責任を逃れることができます。従って、このような公的資金の投入は、十分な透明性を確保できない限り、するべきではありません。

図表1―6―1は、新薬開発の費用の高騰を示すだけではありません。生命科学分野の目覚ましい技術革新のニュースを聞くたびに、私を含めた多くの人が、「新薬開発は過去に比べ容易になったのではないか」という直感を抱きました。しかし、それは、過去六〇年の間一貫して「錯覚」であったことを、この図表は示しています。なぜなら、この図表は、単位投資金額当たりの新薬開発で成功する確率が、二〇一〇年までの過去六〇年で約八〇分の一に低下したことを示しているからです。さらに、先の私の仮説を加えると二〇二〇年までの過去七〇年で約五〇〇分の一にも低下することも予測させるからです。

二〇二一年現在、既に臨床効果が確立された薬が数多くあります。これらの既存の薬よりも効果が高く、同時に安全である新薬開発は、時間の経過とともに、原理的にさらに困難になっていくことは、当然です。

新薬開発が困難である状態は、世界中の製薬企業に当てはまります。

しかし、過去三〇年間で、国際的な製薬市場でも、日本の製薬企業の相対的な地盤低下は際立っています。具体的には、一九八〇年代に、日本の製薬企業の国際市場における占有率は、米国とほぼ同じ水準の約三〇パーセントでした。[1] その後、二〇一四年時点で、日本の製薬企業の国際市場占有率はわずか八パーセントにまで低下し、逆に米国企業の占有率は約五〇パーセントに上昇しました。過去三〇年間で日本の製薬企業が失った約二〇ポイントの市場占有率は、そのまま米国に「持って行かれた」とも言えます。日本型のビジネス・研究モデルの組織（構造）的な問題が、日本の製薬企業の没落にも表れていると指摘されています。これらの日本の組織（構造）的な問題の一部は、先述の「人材不足と競争不足」なのです。

日本政府は日米半導体協定以降、イノベーションに関しては、先端技術を含む産業戦略を立てるのに失敗してきたというより、放棄してきたと言ってよいだろうと、金子勝《まさる》氏（立教大学特任教授、慶応大学名誉教授、経済学者）は述べています。[26] このような日本の国家戦略の不在・放棄の理由は、「どうせ新産業を育成しても、過去の半導体産業のように米国政府の胸三寸で『お取り潰し』にあうかも知れない」という諦めが、日本のエリート層に根強いためかも知れません。

それゆえ、この諦めを私は、「国家主権の不足」と呼んだのです。しかし日本の「国家主権の不足」は、不変の前提ではありません。日本住民の「99％」の生活水準を向上させる形で、国家主権はできる限り回復すべきです。その回復のための一案を、第4章で詳説します。なお、「99％」とは、二〇一一年に米国ニューヨーク市のウォール街で始まったオキュパイ（占拠）運動で用いられた用語で、富が集中している「1％の最富裕層」に含まれない社会の大多数者を意味します。それゆえ、本書の「99％」は、数量的なデータを意味していません。

7　日本でプランAが成功しても、「一九八〇年代までの日本」は再現できない

今後日本にグローバル人材が押し寄せ、「外圧」に干渉されず、プランAで成功する企業が続出すれば、それはもちろん朗報です。しかし、これらの企業が、「一九八〇年代までの日本」のように日本に留まって成功し続けることは、非常に困難だと考えられます。以下に説明しましょう。

まず、一つめの理由は、「世界にシリコンバレーは一つで十分」だからです。IT分野で革新的なプランAの企業が日本で生まれれば、シリコンバレーの大企業から引き抜きがくるか、または、その企業が自らシリコンバレーに本拠地を移す可能性が高いためです。

そもそもシリコンバレーが新しい産業の創造に成功した理由は、「第二のニューヨーク」を目指さなかったからです。日本を例に取ってみると分かりやすいと思います。東京以外の日本の都市が「第二の東京」を目指して、東京の劣化バージョンの産業振興策を始めても、「可能性のある個人・企業が東京に行くほうが話が早い」となるのと同じです。

二つめの理由は、日本経済のピークであった一九八〇年代まで、日本の技術者たちは、米国のスポーツ選手で例えると、「一軍」と果たして本当に闘ってきたのか、という疑問が浮かぶからです。

冷戦時代、米国の技術者の「一軍」は、旧ソ連の軍事的脅威と闘うため、国防に直結する人工衛星、宇宙ステーション、電子メールなど現在のIT技術の基礎を開発していました。米国技術者の「二軍」は、民間企業で国防省との契約が多い大型航空機の開発に従事しました。そして、米国技術者の「三軍」が製造する民間向け自動車やテレビで、日本のメーカーに負けたとも言えます。

ここで用いた「一軍・二軍」の表現は、失礼に聞こえるかも知れません。しかし、自動車やテレビ製造に比べ、ジャンボジェット機の製造のほうが「よりハイテク」であり、宇宙ステーションや電子メールの開発が「さらに技術的に最も困難で、最もハイテク」であることは明白です。

冷戦終了後から現在まで、国防分野から民生分野にシフトしてきた米国技術者の「一軍や二軍」と、日本の技術者がどこまで互角に闘えるか、私はあまり楽観的ではありません。

三つめの理由は、日本経済のピークであった一九八〇年代まで、日本の輸出企業は、冷戦体制の一環として、米国から「下駄《げた》を履かせてもらっていた」という事実です。

上述のように、冷戦時代に米国が恐れたシナリオは、西独と日本が東側諸国に接近することでした。このシナリオを回避するため、米国は、米国内市場を両国に寛大に開放しました。その結果、日本と西独は米国に対する輸出を通じて奇跡の経済復興を実現し、東側諸国に対抗する「繁栄のショーウインドー」の大役を、米国政府の演出通りに担えたのです。

日本の自動車産業は、米国の自動車産業の劣化バージョンから始まりました。米国は、品質改善により、日本の自動車産業が米国本家を追い詰めるまで「政治的に黙認」しました。しかし、それは、冷戦時代のみの米国の「期間限定の寛大な貿易政策」でした。従って、冷戦終結後のいま、もはやそれは望めません。これは、二〇二〇年に発効した日米貿易協定の、日本の自動車業界にとって厳しい内容[27]を見ても明らかです。

四つめの理由は、「現在の米国カリフォルニア州で溢れているプランAの成功例」は、「一九八〇年代までの日本経済の成功」と比較すると、「成功の中身」が全く異なるからです。八〇年代までの「成功の中身」には本来の雇用（特に中産階級レベルの所得をまかなう）の創出と、富の再分配が含まれます。しかし、プランAの成功例が溢れているカリフォルニア州ですら、中産階級レベルの所得をまかなう雇用はあまり増加していません。

プランAで成功した企業が、カリフォルニア州内で雇用するのは、世界ランキングでトップクラスの大学院を卒業したような、超高学歴かつ創造的な仕事ができる極めて少数の人材が中心です。これらの「上澄み」人材は、初任給が学部卒でも一〇〇〇万円を超えるレベルです。高学歴の知識・スキルが必要でも創造性を要求されない仕事（すなわち中産階級レベルの所得をまかなう仕事）については、物価の安い州や外国の人材を現地で雇用します。その結果、カリフォルニア州内の中産階級レベルの雇用はあまり増加しません。

企業の本社がカリフォルニア州に立地しても、雇用が少なければ、地元経済も潤いませんし、その結果、全米五〇州の中で最もＧＤＰの大きいカリフォルニア州（英仏よりもＧＤＰは大きい）の州政府は、厳しい財政状況が続いています。州政府の厳しい財政は、富の再分配機能の低下を意味します。

私が二〇一一年から九年間勤務したカリフォルニア大学は州立ですが、州政府からの助成金は減少し続け、大学の教員の給与や福利厚生にも悪影響が出ていました。さらに、州からの補助金削減を穴埋めするため、授業料収入を増やす目的で、入学させる学生の定員を大幅に増やしました。その結果、急増した学生が入れる住居が不足し、多くの学生が長距離通学を強いられました。私が一〇年前に就職面接を受けた、米国の首都ワシントンＤＣに近いある州立大学では、学生を増やし過ぎたために教室が不足し、教員が週末も講義をする事態になっていました。

地域全体が繁栄しているような印象を持たれているカリフォルニア州やワシントンＤＣも、実際には、一部の企業の、さらに一部の幹部クラスの個人が繁栄しているに過ぎません。

「一九八〇年代までの日本経済の成功」は、「一九六〇年代までの米国と西欧の経済的成功」とも言い換えられるでしょう。

しかし、これらの成功モデルは、現在、多くの主要先進国では、既に消滅したと言えます。なぜなら、今カリフォルニア州の例で説明した通り、現代のグローバル市場のプレイヤーの単位は、もはや「国家・地域」ではなく「企業・個人」になったためです。

経済的利潤は、成功している企業の幹部クラス（個人）と株主（いわゆる「1%」に属する最上位の富裕層）に手厚く分配され、同じ企業内の一般従業員や企業が立地する地域にすら恩恵が行き渡りません。

この傾向を計量的に示すのが、労働分配率です。この分配率は、付加価値に占める人件費の割合、すなわち労働者側ないし「99%」に属する人々が、賃金などとして受け取る比率を表します。この労働分配率の低下は、一九八〇年代以降、多くの先進国で見られています。[28]

労働分配率の低下の程度は、米国・ドイツ・フランスに比べても、日本ではより深刻です。二〇一七年のＧ７諸国の労働分配率でも、日本は最低の五四パーセントで、米英伊（五八〜五九パーセント）や独仏カナダ（六〇〜六一パーセント）が極めて近い値を持つのと対照的です。[29]

現在日本で使われているパソコンソフトウエア・検索エンジン・ＳＮＳで得られる収益は、米国企業に持って行かれています。[30]今後日本がＡＩの研究開発に乗り遅れると、この状況はさらに悪化するとの「煽《あお》り」が、プランＡを論じる日本再生論に多く見られます。このような「煽り」は、ＡＩや他のプランＡの新産業において、日本企業が米国企業との競争に勝てば、一九八〇年代までの日本がそうであったように、日本の住民全体が実感できる程度に莫大な利益が分配されることを前提にしているようです。

残念ながら、この前提は幻想です。労働分配率の低下を放置したままでは、将来日本のＡＩ企業が勝っても、米国のＡＩ企業が勝っても、利益の多くが「１％」に属する人々に優先的に分配されるという結果は同じだからです。すなわち、営利企業の本社が日本にあることと、日本の労働者（「99％」）にとって利益の配分が増えることとはほとんど無関係です。

むしろ、日本より他の先進国の労働分配率が高いなら、日本企業より外国企業が勝った場合のほうが、マシかも知れません。なぜなら、日本企業が勝つ場合に比べ、外国企業の日本支社経由で、日本の労働者に分配される利益が大きくなる可能性があるからです。仮に将来、プランAが日本で成功した後、日本の大部分の人々が目にする光景については、あれこれ想像する余地はありません。現在の米国、特に上述の「成功している」カリフォルニア州の「99％」に属する人々の厳しい現実が再現されるだけですから。

ここで結論です。プランAは、どんなに成功しても、日本の「99％」の人々の生活を再生するプランではありません。

本章では日本の現状を概観してきました。かなり絶望的な印象を持たれたかと思います。しかし、諦める必要はありません。次章では、プランAが過去三〇年失敗し続けた理由を踏まえ、同じ轍《てつ》を踏まない、プランBを提示します。プランBに含めるべき産業部門と職種は、一見馴染《なじ》みがあるものです。しかし、プランAとは全く別の「原理」に基づいてプランBが実施されることを、次章の後半から第4章にかけて説明します。

第2章　「プランB」とは何か？

1　三つのプランA・B・Cの定義と相互関係

最初に、誤解のないように明らかにしたいのは、プランBの目的は、日本のプランAを否定することではなく、むしろプランAの成功を側面支援することです。

長期的に見ると、現在は世界的に社会・経済システムの過渡期であると私は考えています。これまでの社会・経済システム下の成功モデルであるプランAの多くは、長期的には持続不可能であると考えています。世界全体が移行して行く新しい持続可能な社会・経済システムを、本書では「プランC」と呼びます。

従って、プランBには、

（1）短期的にはプランAの前提条件整備を側面支援すること

（2）中期的にはプランAが失敗した時のセーフティーネット（保険）となること

（3）長期的にはインキュベーター（孵卵器《ふらんき》）としてプランCの開発に貢献しつつ、プランCが世界中で標準的なシステムになるまでの時間稼ぎをすること

という三つの役割があります。本書の目玉であるプランBと他のプランA・Cの定義および相互関係を、図表2―1―1にまとめました。

三つのプランの共通目的は、日本「国」再生です。そして二つのプランBとCの共通目的は、日本の「地方」再生でもあります。もっとも、第1章で説明したように、日本は国際社会で辺境になりつつあります。それゆえ、プランBに関する提言の対象には、東京から切り捨てられつつある首都圏以外の地方だけでなく、国際社会で辺境になりつつある日本「国」全体も含みます。

図表2-1-1　3つのプランの定義と相互関係

	内容	実施主体	準備期間	失敗時の損失	プラン間の相互関係
プランA	米国（IT、バイオ、金融産業）を模倣するモデル	首都圏と限られた地方都市のみ	準備だけでグローバル水準まで10年以上必要（過去30年以上サボったツケ）	甚大（例：薬1つ開発するのに1兆円）	プランBが準備・前提条件を支援
プランB	米国の成功と失敗を踏まえた、医療・教育・芸術を融合した新たな産業	全国の地方自治体、「非」営利組織	直ちに小規模から開始可能	小規模の損失ごとに軌道修正可能	プランAが失敗した時の保険、プランCが出てくるまでの時間稼ぎ
プランC	誰も知らない新たな社会・経済モデル	全国の地方自治体、「非」営利組織	3世代(100年)?かかるかもしれない	小規模の損失ごとに軌道修正可能であるべき	プランBが種をまく、インキュベーター(孵卵器)として機能

第1章で詳述したように日本のプランAとは、現時点で最も成功している米国のIT・バイオ・金融産業を模倣して、日本の国際競争力の回復を目指すモデルです。プランAが可能な実施主体としては、首都圏と、限られた地方の大都市のみです。過去三〇年に引き続き、今後もプランAの分野で負けが込めば、最終的に東京だけで実施可能になるという意味で、一極集中モデルとも言えます。プランAの前提条件を整備できるまで、少なくとも一〇年を要することは、第1章で述べた通りです。前提条件を整備後も、日本のプ

ランAが成功する確率は極めて低く（例：新薬開発で二万分の一以下）、一兆円規模の投資ですら、たった一つの新薬開発にもつながらない可能性があります。

プランBが含むべき産業には、以下本章で詳述するように、複数の候補があります。その一例として、私が詳細な具体案を持っている、「医療・教育・芸術を融合する新たな産業・職業」のみを、スペースが限られた図表2―1―1に含めました。

「はじめに」で述べた通り、**プランBは、「日本の全住民の衣食住を充足させる」ことが最大の目的**ですから、日本全国どこでも、ただちに少ない資源（予算と人員）で開始することが可能であるべきです。実施主体は、非営利組織である地方自治体や民間「非」営利団体（Non-Profit Organization ＝ＮＰＯ）であるべきとも私は考えています。その理由は第3章で後述します。

さて、プランAが失敗した時のセーフティーネットとしての機能がプランBに期待されるため、ハイリスクなプランAに比べ、プランBのリスクははるかに低くなければなりません。また、プランBのリターン、すなわち経済成長への寄与は、小さくても確実である必要があります。従って、スケールが小さくても、科学的に厳密な経済評価に基づく成功例を、一例ずつ積み重ねる必要があります。厳密な経済評価を行うと、小規模の損失ごとに軌道修正が可能になります。リターンが大きくなる可能性を持つプランBは、長期的な目的であるプランCの候補にもなります。

プランCについては、具体的な内容を、私は現時点で提示できません。しかし、今後実施される数多くのプランBのうち、成功したプランBの一部がさらに発展して、プランCになるでしょう。従って実施主体や失敗時の損失の規模において、プランCはプランBに近いものになることを、図表2―1―1は示しています。プランCの準備期間についても、私には確たる答えはありません。法政大学教授の経済学者水野和夫氏が過去の事象を基に予想するように、一〇〇年単位の時間がかかるかも知れません[31]。

2 プランAが「成功した」米国で、将来「生き残る」産業部門とは？

第1章で説明したように、現在の日本のプランAの成功には、前提条件を揃《そろ》えるだけでも一〇年以上かかるでしょう。そのため、日本のプランAの成功・失敗にかかわらず、「生き残る産業・職種」をプランBが見つけ出し、着実に結実させていく必要があると考えます。

日本で将来生き残る産業部門・職種を予測する上で、日本に先行してプランAの成功例が多い米国の状況を見ることとは、多くの示唆が得られます。まずは、図表2―2―1と図表2―2―2に示した、米国のGDPと雇用創出に寄与した五大産業部門の経時的変化から見ていきます。

米国の製造業は、一九六〇年にGDPと雇用創出において最大の産業部門でしたが、そ

図表2-2-1　米国の産業別GDP寄与率の経時的変化（1960年-2018年）

	1位	2位	3位	4位	5位
1960年	製造業 25.4%	政府機関 14.5%	金融業[a] 13.8%	小売業 7.6%	卸売業 6.4%
1980年	製造業 20.5%	金融業[a] 15.7%	政府機関 14.3%	小売業 7.0%	卸売業 6.5%
2000年	金融業[a] 19.3%	製造業 15.1%	政府機関 12.9%	専門職[b] 10.8%	小売業 6.7%
2018年	金融業[a] 21.2%	専門職[b] 12.5%	政府機関 12.4%	製造業 11.2%	医療・福祉 7.4%

産業分類は、North American Industry Classification System (NAICS) に基づく。
a：金融、保険、不動産、賃貸業等を含む。
b：法律業務、会計業務、研究開発、管理業務等を含む。
米国商務省経済分析局 (Bureau of Economic Analysis: BEA) Industry Data: GDP-by-industry. https://apps.bea.gov/iTable/index_industry_gdpIndy.cfm, Accessed December 25, 2020.

の後一貫して寄与率は低下。興味深いことに、米国の製造業のＧＤＰへの寄与率と雇用創出への寄与率の規模は、二〇〇〇年まではほぼ同じです。例えば、一九六〇年は、ＧＤＰ寄与率と雇用創出寄与率がともに約二五パーセントです。しかし、直近の二〇一八年では、ＧＤＰ寄与率が一一・二パーセントで産業部門ランキングが四位である一方、製造業の雇用創出率は、五位の小売業（九・八パーセント）よりも低い。このことは、生産過程におけるロボット導入などの機械化が可能な製造業だけが米国内に留まり、労働集約型の製造業は米国外に移転したことを意味しています。

図表2-2-2　米国の産業別雇用創出寄与率の経時的変化（1960年-2028年）

	1位	2位	3位	4位	5位
1960年*	製造業 26.7%	政府機関 19.5%	小売業 13.2%	サービス業[b] 13.1%	輸送業・公益事業 6.4%
1980年*	製造業 20.8%	政府機関 19.6%	小売業 15.7%	サービス業[b] 14.7%	医療 5.5%
2000年#	政府機関 16.8%	製造業 12.6%	専門職[a] 12.1%	小売業 11.2%	医療・福祉 9.4%
2018年^	政府機関 13.9%	専門職[a] 13.0%	医療・福祉 12.4%	レジャー産業 10.2%	小売業 9.8%
2028年^（予測値）	医療・福祉 13.8%	専門職[a] 13.4%	政府機関 13.3%	レジャー産業 10.6%	小売業 9.3%

*産業分類は、1972 Standard Industrial Classification (SIC)に基づく。
#産業分類は、2012 North American Industry Classification System (NAICS)に基づく。
^産業分類は、2017 North American Industry Classification System (NAICS)に基づく。
a：法律業務、会計業務、研究開発、管理業務等を含む。
b：医療サービスを除く。
米国商務省経済分析局（Bureau of Economic Analysis）
1960年、1980年、2000年：https://apps.bea.gov/iTable/iTable.cfm?ReqID=19&step=4&isuri=1&1921=flatfiles
米国労働統計局（Bureau of Labor Statistics）
2018年、2028年：https://www.bls.gov/emp/tables/employment-by-major-industry-sector.htm

米国でGDP寄与率が最大の産業は、図表内で二〇〇〇年以降、金融業が製造業に取って代わりました。金融業は、GDP寄与率において一九八〇年以前はランクが二位で、寄与率は少ない時で一三・八パーセント、多い時は二〇・九パーセントにもなります。しかし、金融業は、雇用創出の産業ランキング五位までに一度も現れません。米国の金融業は、今後一段と個人向けの店舗を減らし、業務のほとんどをオンラインに移行させるので、二〇一八年時点の雇用創出の寄与率（五・三パーセント）はさらに低下するでしょう。

意外にも、図表内で二〇〇〇年から二〇一八年まで、米国で雇用創出に貢献している最大の産業は、公務員を雇用している政府機関です。さらに意外なのは、政府機関は、一九六〇年から二〇一八年まで、ＧＤＰ貢献率において、常に三位以上にランクされており、寄与率の規模もほぼ一定（一二・四〜一四・五パーセント）。資本主義の中心である米国ですら、これらのデータを見れば、「社会主義国か？」との印象を持つ読者もいるでしょう。

米国労働統計局の予測では、約一〇年後の二〇二八年には、医療・福祉産業が最大の雇用創出産業になります。医療・福祉産業は、直近の二〇一八年でも既に第三位の雇用創出産業です。医療・福祉産業は、雇用への貢献度（二〇一八年で一二・四パーセント）に比べ、ＧＤＰへの寄与率（二〇一八年で七・四パーセント）は相対的に小さい。なお、専門職という産業に含まれる、法律・会計・管理業務などの専門職は、理論上、他の全ての産業分野で仕事・契約を得ることができるので、産業構造の経時的変化を知るには適しません。

図表2―2―1と図表2―2―2の産業部門間の比較を通じて、米国における今後の成長産業であり、最大の雇用提供産業は、医療・福祉産業であることが分かります。さらに以下では、「産業」よりも細かい単位である「職業」比較を見てみます。

米国労働省は、八〇〇以上もの詳細な職業分類ごとの従事者数について、過去の実数だけでなく、将来の予想数も発表しています。二〇二〇年二月現在で最新のデータは二〇一九年の時点で、二〇一八年から二〇二八年までの従事者数の変化を予測しています。これによると、従事者数の増加率トップ一〇職種のうち六職種、トップ二五職種のうち一五職種が医療・介護・福祉に関する職種です[32]。

これらのトップ二五職種を、増加する従事者数の絶対値を基にランク付けし、その一部を図表2―2―3に含めました。ランキング一位と二位を占める介護助手と在宅介護助手は、米国労働省の定義を見ても仕事内容はほとんど同じです。これらの職種は、在宅ない

図表2-2-3　米国労働省による将来予想（2019年）：2018年から2028年までに従事者の絶対数が増加する職種のランキング*

ランク	職種名	増加数［単位は1000人］	増加率
1	Personal care aides（介護助手）	881	36%
2	Home health aides　（在宅介護助手）	305	37%
5	Medical assistants（医療助手）	155	23%
7	Substance abuse, behavioral disorder, and mental health counselors（薬物乱用、行動障害、メンタルヘルス・カウンセラー）	69	23%
8	Health specialties teachers, postsecondary（高等教育機関**の教員［医療分野］）	59	23%
15	Phlebotomists（採血（だけ）する人）	30	23%
20	Nursing instructors and teachers, postsecondary（高等教育機関**の教員［看護分野］）	14	20%

*増加率が高い30職業中
**高等教育機関＝高校卒業後に進学する大学等
Bureau of Labor Statistics, 2019 (https://www.bls.gov/emp/tables/fastest-growing-occupations.htm) より

し施設で、高齢者、障がい者、病気の回復期の人々を対象に、食事の用意、洗濯、薬の管理などを行います。

日本の読者にとって意外な職種は、七位と一五位にランクインしている「薬物乱用、行動障害、メンタルヘルス・カウンセラー（二〇一八年の平均時給は二三ドル、約二五〇〇円）」と「採血だけする人（平均時給は一七ドル、約一九〇〇円）」でしょう。必要とさ

れる教育水準は、前者のカウンセラーでは学士で、後者では高校卒業後何らかのトレーニングだけで、学位は不要です。さらに意外と思われるランク上位の職種は、大学などの高等教育機関の教員である医療分野の教員が八位、看護分野の教員が二〇位だということではないでしょうか。

米国労働省が、図表2―2―3に示されるような予想をした理由として、「国外から容易に輸入できるモノ・サービスに関連する職種は縮小する」「容易に機械化される、またはＩＴやＡＩに代替される職種は縮小する」などが挙げられます。

米国における医療に関連する職が、不況にも強いことを象徴的に示したのが図表2―2―4です。この図表は、コロナ危機が始まる以前の二〇一九年現在で、第二次世界大戦後の経済不況のうち最も深刻なリーマン・ショックが、米国の雇用に与えた影響を表しています。**二〇〇八年九月のリーマン・ショック直前の二〇〇八年五月に比べ、その二年後に従事者が増えたのは、絶対数で上位一二種の職種の中、正看護師（RN＝Registered Nurse）だけでした。**しかも、一一万人以上も従業者が増えています。[33] コロナ危機を経験

図表2-2-4　従業者数の多い上位12種中の従業者数の変化（2008年5月と2010年5月の期間）米国でリーマン・ショック後に雇用が増えたのは正看護師のみ

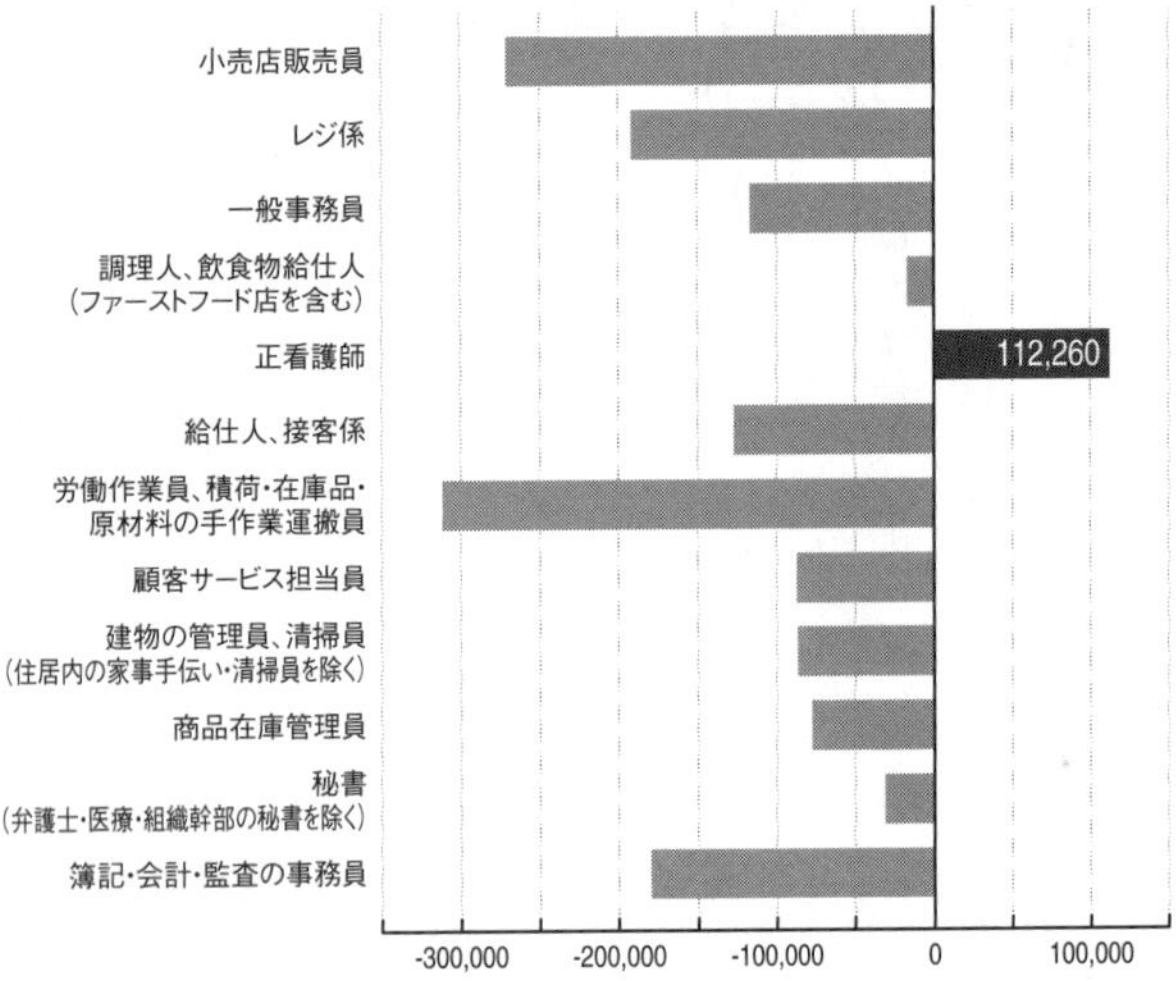

U.S. Bureau of Labor Statistics 2008 and 2010より筆者作成

したいま、正看護師をはじめとした医療関連の職種の需要がさらに増えることは疑いようがありません。

本節の米国データとして、日本との比較も含めて、最後に紹介するのが、図表2―2―5の米国と日本の若者が選ぶ「就職希望企業ランキング」です。米国のデータは、二〇一八年に実施された全米を代表する大規模調査です。この調査には約一万六〇〇〇人の高校生と大学生が

図表2-2-5　米国と日本の若者が選ぶ「就職希望企業ランキング」の違い

	米国［産業分類］（2018年）	日本（2019年）
1	St. Jude Children's Research Hospital［医療］*	伊藤忠商事
2	Google［IT］	トヨタ自動車
3	Local Hospital［（特定されていない）地元の病院］	三菱商事
4	Amazon［IT］	サントリーグループ
5	Walt Disney Company［エンターテインメント］	三菱UFJ銀行
6	Apple, Incorporated［IT］	全日本空輸（ANA）
7	FBI［公務員］	資生堂
8	BuzzFeed［IT］	JTBグループ
9	Children's Healthcare of Atlanta［医療］**	日本航空（JAL）
10	Health Care Service Corp.［医療保険会社］	東京海上日動火災保険

* サンフランシスコの小児科医療機関
** アトランタの小児科医療機関
The National Society of High School Scholars (NSHSS) 2018 およびキャリタス就活2020より筆者作成

回答しました[34]。

日本のデータは、ある民間調査企業によるものですが[35]、他の企業も同様な結果を報告しています。さらに言えば、日本の「就職希望企業ランキング」は、私が日本で大学生だったバブル期の三〇年前とほとんど変わっていません。このことは、私にとって、何より驚きであり、同時に不安が募ります。まるで静止画像のように三〇年間変わらない日本のランキングが、日本経済が三〇年間変わらず好調であるという、「現実から目をそらした願望」を表しているとすれば、日本はかなり危機的な状況と言えるからです。

米国のランキングのトップ一〇には、日本でも馴染みのある巨大企業である、グーグル、アマゾン、アップルを含むIT企業が四社ランクインしています。医療関係の組織（医療機関の多くは営利企業ではない）・企業が、米国ではトップ三位のうち二つ、トップ一〇のうち四つを占めています。これら四つの組織・企業の内訳は、特定の医療機関が二つ（一位と九位）、「（特定されていない）地元の病院」（三位！）、医療保険会社が一社（一〇位）です。そして七位には、連邦政府公務員（FBI）がランクインしています。

上述した図表2―2―2産業別雇用創出寄与率の二〇一八年と二〇二八年のデータの説明を思い出してください。米国の二大雇用産業は、「医療・福祉」と「政府機関」でした。米国の若者は現実と米国労働統計局による将来の雇用予測を極めて的確に認識していることを、図表2―2―5は示しています。とりわけ、米国でランク三位の「（特定されていない）地元の病院」は、地方都市において医療職が、日本の若者にとっての三菱商事くらいに（⁉）憧れの仕事になっているとも解釈できます。

図表2―2―5の米国のランキングで強調したい点が、エンターテインメント（文化・娯楽）分野の重要性です。通常、IT企業と分類されているアマゾンとアップルは、音楽の配信事業だけでなく、近年は巨額な予算を使って、独自に映画・テレビシリーズを世界各地で制作しています。そうした動きを知っている若者が就職を望むエンターテインメント分野の企業が、四、五、六位にランクインしているのは当然のことでしょう。

音楽や映像を含む文化・芸術は、最低限の衣食住・医療・教育に次いで、需要がある産業と私は考えています。それゆえ、文化・芸術は、私の提言するプランBに含むべき産業部門・職種です。中でも、総合芸術であり、低予算から始められる演劇をプランBに含める具体案は、第4章で詳述します。

図表2―2―5の日本のランキングを見て私が不安に思うのは、雇用です。トップ一〇にランクインしている企業の経営状態が、将来にわたり良好であると楽観的な仮定をしま

しょう。しかし、その場合でも提供できる雇用数は、一〇企業分を合計しても、日本の全雇用のおそらく「1%」にも満たないでしょう。人気企業トップ一〇の会社に入れない、いわゆる「99%」の雇用者が「負け組」と見なされるなら、あまりにも夢のない社会と言えます。

私なりに、この日米のランキングを比較すると、米国の若者には「将来さらに発展しそうな有名ＩＴ企業（プランＡ）で働く」か「確実に生き残る医療分野やエンターテインメント分野（プランＢ）の職に就く」という二つの選択肢があります。

その一方で、**いまの日本の若者たちは、「高い国際競争力を持つＩＴ企業（プランＡ）は、現時点でも、また今後一〇年間も、おそらく日本国内には選択肢として存在しない」という苦い現実を直視しなくてはならないでしょう。**そして、確実に生き残る産業分野（プランＢ）での選択肢は、少なくとも大手メディアは、誰も教えてくれない状態です。

本書では、そうした状況下にある日本の若者の、暗闇に見える将来の展望を、ささやかでも明るくすることも目指しています。

3　日本のプランBが含むべき「需要がなくならない」産業部門・職種

最初に、データを抜きにして、日本で「需要がなくならない」産業部門・職種を根源的に考えるため、ある種の思考実験をしてみましょう。神戸女学院大学名誉教授であり、思想家、武道家の内田樹《たつる》氏は、次のような発想をされました。

すなわち、「原始共同体において必ず必要な職種」を考えるヒントは、現代でも存在する難民キャンプにある。(36) どういうことでしょうか。

難民キャンプで亡くなる方が出れば、まず、葬儀のために宗教家・聖職者が必要です。病人や怪我人《けがにん》が出れば、医療職が必要になります。そして、社会集団として次世代まで生き延びるためには、教育職も必要です。また、社会集団の治安を維持し、争いごとの仲裁のために、警察・司法を担当する職種（公務員）も必要になります。難民キャンプは、救援組織からの食糧援助も必要です。援助する食糧を生産する、農林水産業に従事する人が、難民キャンプの外にいる必要があります。

これらの職種が、根源的な意味で「需要がなくならない職種」と私は考えています。また、一九八〇年代までは、米国を含む先進国で、これらの職種の所属先が「非」営利組織であったことは偶然ではありません。

難民キャンプの思考実験例をさらに拡大する際に、東京大学名誉教授の経済学者、故宇《う》沢弘文《ざわひろふみ》氏が提唱した「社会的共通資本」の概念が有用です。

宇沢氏は、「社会的共通資本」の定義の一つとして、「ゆたかな経済生活を営み、すぐれた文化を展開し、人間的に魅力ある社会を持続的、安定的に維持することを可能にするような社会的装置」を挙げています。(37) その三つの類型として、(1)自然環境：森林、水、大気等、(2)社会的インフラストラクチャー(以下でインフラと略)：道路、鉄道、上下水道、電力・ガス、(3)制度資本：教育、医療、司法、文化、金融を提示しました。

宇沢氏の「社会的共通資本」において、上記の定義に当てはまる産業・職種が、需要がなくならない産業部門・職種でもあると、私は考えています。しかし、人口減少が続く日本では、上記の二つめの分類である社会的インフラ分野の大規模な新規投資は、今後減ります。しかし、これらの社会的インフラを改修・維持するための需要はなくなりません。

これらの社会的インフラに含まれる産業も、かつては非営利組織が担当し、参入した営利企業には非常に厳しい公的な規制がありました。一九八〇年代以降、世界的な潮流として、社会的共通資本に含まれる産業に営利企業が参入するために規制が緩和されてきました。しかし、これらの営利企業の参入により、「99%」の住民の生活の質が向上した成功例を、私は寡聞にして知りません。私の知る限り、これらの営利企業参入の「成功例」を報告する研究は、学術的に質が低いか、利益の相反に該当するので、ここで紹介する価値もないと考えます。

次に、以下では、需要がなくならない産業部門を日本のマクロデータの二つの指標を基に議論します。

一つめの指標である、産業部門別のＧＤＰ寄与率の経時的変化を、図表2―3―1に示

図表2-3-1　日本の産業別GDP寄与率の経時的変化
（1995年-2018年）

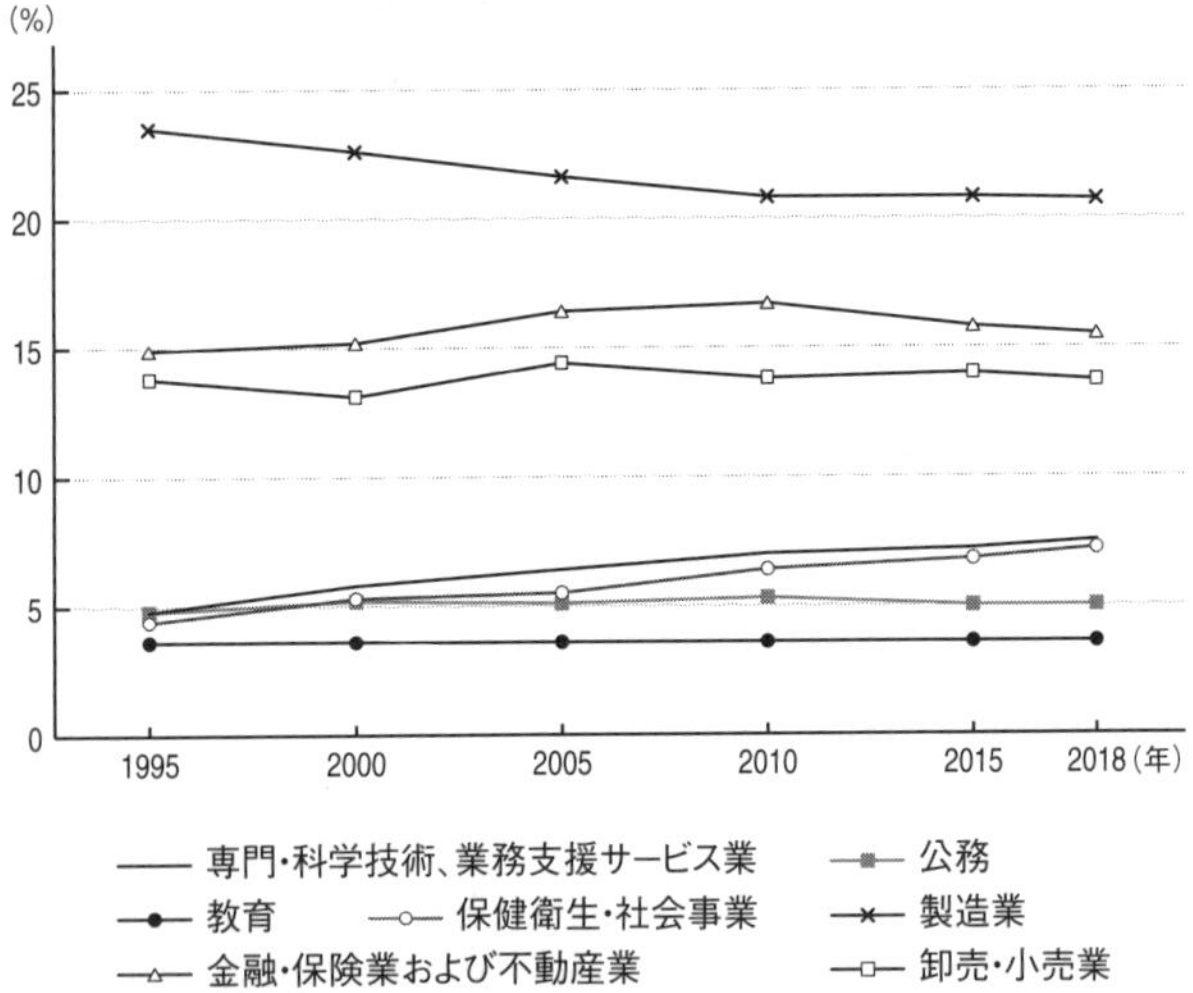

内閣府：2018年度国民経済計算（2011年基準・2008SNA）経済活動別国内総生産より筆者作成
注記：図表2-2-1: 米国の産業別GDP寄与率に倣って、金融・保険業 と不動産業を一つの産業にまとめた

しました。上記の米国データと比較しやすいように、金融・保険業と不動産業を一つの産業にまとめました。日本でＧＤＰに最も寄与しているのは製造業ですが、その比率は緩やかな低下傾向にあります。直近の二〇一八年のＧＤＰ寄与率は、製造業全体で二一パーセント。製造業の中で国際競争力が最も高い自動車産業を含む「輸送用機械」で、ＧＤＰ寄与率はわずか三・三

パーセント。一九九五年以降、GDP寄与率の規模で二位と三位は不変であり、それぞれ「金融・保険業と不動産業」（二〇一八年で一六パーセント）と「卸売・小売業」（二〇一八年で一四パーセント）です。二〇一八年の米国の金融業（二一・二パーセント）と製造業（一一・二パーセント）に比べ、日本の金融業はやや小さく、製造業は二倍近く大きい。

米国のGDP寄与率三位の「政府機関」（一二・四パーセント）は、日本では半分以下の、わずか五パーセントです。GDPへの寄与率の計算は、営利企業の場合、大雑把に言えば、「利潤」の総和です。政府を含む非営利部門産業の場合、利潤は理論上存在しないので、被雇用者への給与が、GDPへの寄与になります。

製造業、金融業分野の日本企業の国際競争力が既に急速に低下したことと、これらの分野のプランAが今後一〇年間で、日本において劇的に成功する可能性が低いことは、第1章で詳述しました。従って、日本の製造業、金融業が生産するモノ・サービスに対する需要が、今後も、国内的にも国際的にも低下することは容易に予想できます。

二つめのマクロ指標である、日本の産業部門別の雇用創出寄与率を、図表2―3―2にまとめました。二〇〇二年以降は分類方法が変わり、サービス業が細分化されたので、サービス業の二〇〇二年以前と以後の直接的な比較は不可能なことに留意して下さい。

この指標の下でも、日本の製造業は一九六五年から一九九〇年まで最大の産業で、寄与率がピークだったのは一九七三年の二七・四パーセントです。[38] **「モノづくり立国日本」を目指す声はいまもあるようですが、製造業の雇用寄与率は、過去最大でも日本全体の四分の一程度であったことは、もっと知られるべきです。**

既存の製造業の国際競争力を上げる選択肢として「ただちに」実行できる選択肢は、米国データの説明でも言及した通りです。すなわち製造現場の人間をロボットに置換するか、人件費の安い国外に移転するか、米国・中国のような巨大な市場内に移転するかです。これらの選択肢は、いずれも日本国内の雇用を減少させることは明らかです。なお、技術革新は「ただちに」は実行できません。

革新的な技術を持つ製造業が日本に生まれても、頭脳部分である開発分野以外の、労働

図表2-3-2　日本の産業別雇用創出寄与率の経時的変化（1953年-2018年）

年	Rank1	Rank2	Rank3	Rank4
1953-1964	農林業＋漁業 31.9%	製造業 20.8%	卸売・小売業, 飲食店 19.9%	サービス業 12.5%
1965-1966	製造業 24.4%	農林業＋漁業 22.9%	卸売・小売業, 飲食店 21.6%	サービス業 13.9%
1967-1971	製造業 26.7%	卸売・小売業, 飲食店 19.9%	農林業＋漁業 18.8%	サービス業 14.3%
1972-1982	製造業 25.1%	卸売・小売業, 飲食店 22.3%	サービス業 16.9%	農林業＋漁業 11.9%
1983-1990	製造業 24.4%	卸売・小売業, 飲食店 23.0%	サービス業 20.9%	建設業 9.1%
1991-2002	サービス業 （ピークに未到達） 24.9%	卸売・小売業, 飲食店 （ピークは1999年） 22.5%	製造業 （ピークは1992年） 22.1%	建設業 （ピークは1997年） 10.4%
2002-2005	製造業 18.4%	卸売業, 小売業 17.2%	建設業 9.4%	医療, 福祉 8.2%
2006-2009	製造業 18.1%	卸売業, 小売業 16.7%	医療, 福祉 9.2%	建設業 8.5%
2010-2018	卸売業, 小売業 16.7%	製造業 16.4%	医療, 福祉 11.9%	建設業 8.0%

各産業の全産業部門に占める割合は、各期間の中間点に於ける割合。1953－64年の場合は、1958年と1959年の割合の平均値。1967－71年の場合は、1969年の割合。 2002年以降は、分類方法が変わり、サービス業が細分化されたので、サービス業の2002年以前と以後の直接的な比較は不可能。
総務省統計局：第10, 12, 13回改定日本標準産業分類別就業者数および第12・13回改定日本標準産業分類別就業者数より筆者作成

集約的（雇用を生む）製造ラインは早晩海外に移転するでしょう。その結果、製造業の雇用寄与率（二〇一〇～一八年で一六・四パーセント）は今後も低下していくと思われます。製造業分野のプランAの成功例が数多い米国でも、上述した通り製造業関連の雇用が減少していることは、日本で広く知られるべきです。

そこで私がプランBに含むべき産業として注目する「政府機関（公務員）」と「医療・福祉産業」の日米比較をします。

二〇一八年の、政府機関（公務員）の雇用創出寄与率は、米国（一三・九パーセント）に比べ、日本（三・五パーセント）の低さは際立っています。

一方、医療・福祉産業は、ほぼ同じ規模で、二〇一八年のデータで、米国（一二・四パーセント）と日本（一二・五パーセント）は全雇用の約八分の一を提供しています。

図表2―3―3に示した、日本の産業別従業者の絶対数を、経時的変化で見てみましょう。変化が最も顕著な医療・福祉産業は、二〇〇二年（四七四万人）から二〇一八年（八三一万人）の期間に、ほぼ同じペースで増加し、約三六〇万の雇用を新たに創出しました。

図表2-3-3　日本の産業別従業者数の経時的変化（2002年-2018年）

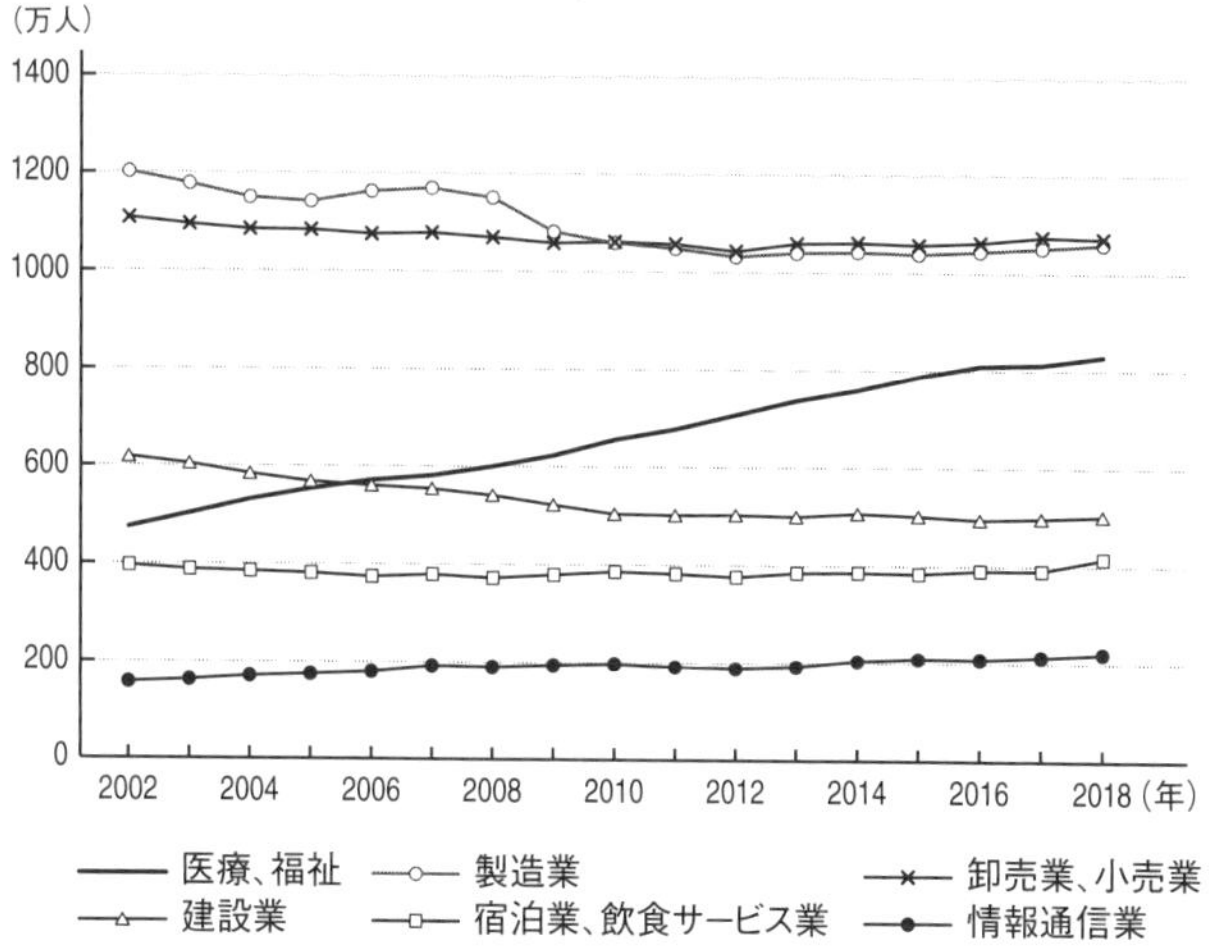

総務省統計局：第12・13回改定日本標準産業分類別就業者数より筆者作成

つまり、この図表を見る限り、他の産業が今後大きな雇用を生むとは考えにくいのです。

　上述したように、米国では医療・福祉産業が二〇二八年には、雇用創出寄与率で最大の産業になると予想されています。ただし、この米国の予想をそのまま日本に当てはめることには、慎重である必要があります。なぜなら、医療・介護部門における公的保険の役割が、米国に比べ、日本でははるかに大きいからです。すなわち、日本では政治の判断次第で、医療・介護部門のＧＤＰと雇用創出への貢献の規模を、米国に比べればはるかに容易に抑制・拡大することができるからです。

さらに言えば、プランＢが含むべき主要産業である、医療・介護、教育、政府機関、農林水産業は、日本ではいずれも伝統的に非営利組織が担ってきた割合が高く、ゆえに政府の規制が強い産業分野でもあります。これらの部門のＧＤＰと雇用創出への寄与率の将来の規模は、日本の政治的リーダーシップの胸三寸で、つまり選挙民の判断次第で決まります。

今後、どの産業部門を拡大・抑制するかを政策決定する場合も、できる限り厳密かつ数値化されたエビデンスを根拠として示すべきです。すなわち、ある産業部門への補助金や減税を正当化するためには、同じ額の補助金や減税を他の産業部門に振り向ける場合に比べて、景気改善や雇用維持・創出の効果が大きいことを数値として示す必要があります。これらの効果の大きい産業部門に、補助金・減税などを通じて相対的に多くの資源を投入することで、日本全体として、より高い水準の景気改善や雇用維持・創出が実現されるからです。

4　日本のプランB関連産業の景気刺激と雇用創出の効果は大きい

先述したように、医療・福祉産業は、「社会的共通資本」に含まれる、根源的な意味で需要がなくならない産業です。また、医療・福祉産業は、日米両国で、最大の雇用産業になりつつあります。その一方で、医療・福祉産業の拡大は、日本の経済成長の足を引っ張るという明白な誤解が、未だに日本では根強い印象があります。

この明白な誤解に反論するため、医療・福祉産業が、二つの重要なマクロ経済指標（景気刺激効果と雇用創出効果）において、日本の全産業部門の平均よりも数値として大きな経済効果を持つことを示す、経済学者の塚原康博氏（明治大学教授）の研究[39]を以下で詳説します。

さらに、医療・福祉産業に含まれる複数の産業部門は、プランA関連とプランB関連に区別した上で比較可能です。プランBに関連する医療産業部門（例：予防医療教育、介護、医療法人）が、プランAに関連する医療産業部門（例：医薬品と医療用機械器具）よりも、上記の二つのマクロ経済指標において大きな経済効果があることも、この研究は報告しています。

図表2―4―1は、塚原氏の研究の一部を、本書の目的に沿ってまとめたものです。この研究は、二〇〇五年のデータを用いて産業連関分析を行い、全産業六〇部門の比較を上記の二つのマクロ経済指標において行いました。

注目する「医療・福祉」は、より詳細な産業部門分類である「保健衛生」、「介護（居宅と施設）の二部門」、「医療（医療法人等、国公立、公益法人等）の三部門」を、各々まとめてこの図表中の一つのカテゴリーにしました。

「保健衛生」には、保健所や健康相談施設（例：保健師駐在所、市町村保健センター）が含まれます。第4章で詳述するプランBの主たる事業である「新しい予防医療教育」は、内容例として栄養食事指導や禁煙支援を含むため、この「保健衛生」産業に分類されます。また、プランBの関連産業として教育、研究、農林水産業（理由は第4章で詳述）も含めまし

図表2-4-1　日本の産業部門別の経済波及効果と雇用創出効果のランキング

産業部門	経済波及効果†		雇用係数‡	
	ランク	係数	ランク	係数
上位5部門§	1-5	6.131-6.278	1-5	0.1799-0.2639
保健衛生	9	6.016	11	0.1002
介護（居宅、施設）	19,32	5.769-5.895	2,8	0.1396-0.2437
医療（医療法人等、国公立、公益法人等）	26,34,36	5.731-5.831	13,16,18	0.0820-0.0897
教育、研究	12,37	5.712-5.983	12,31	0.0511-0.0950
医薬品、医療用機械器具	35,45	5.616-5.740	39,50	0.0188-0.0397
公共事業	46	5.612	25	0.0688
農林水産業	50	5.509	1	0.2639
下位5部門§	56-60	3.102-4.521	56-60	0-0.0105
全産業（60）部門平均		5.660		0.0613
物財（30）部門平均		5.566		0.0427
サービス（30）部門平均		5.754		0.0751

塚原康博「医療サービス活動における産業・雇用連関分析の展開」より筆者作成。経済波及効果は小数点以下4位で四捨五入、雇用係数は小数点以下5位で四捨五入した。

†：経済波及効果：解釈の一例は、「保健衛生」で新たな需要が100万円発生した場合、各産業への最終的な経済（生産）波及効果が601.6万円であることを示す。

‡：雇用係数：各産業部門で1単位（100万円）の生産を行うために必要となる雇用者数（個人業主も含む）を示す。例：農林水産業部門で100万円の生産(需要、売上人)には、農林水産業部門で0.2639人の雇用が必要。

§：経済波及効果上位5部門:広告（1位）、輸送機械、社会保険事業（国公立）、公務（地方）、社会福祉（国公立）（5位）

経済波及効果下位5部門：不動産（56位）、電力、ガス・上水道、リース・サービス、石油・石炭製品（60位）

雇用係数上位5部門：農林水産業（1位）、介護（居宅）、飲食店、小売、社会福祉（国公立）（5位）

雇用係数下位5部門：電力（56位）、不動産、分類不明、石油・石炭製品、事務用品（60位）

た。
プランB関連産業との比較対象として、公共事業と、プランAの医療関連産業（例：医薬品と医療用機械器具）を一つのカテゴリーにしたものを、図表中に含んでいます。また、全産業部門との比較のため、上位・下位五部門と三つの部門平均値（全産業六〇部門、物財三〇部門、サービス三〇部門）も含めました。

単純化して言えば、社会全体で循環しているお金の量が増えれば、「景気が刺激された」と呼びます。社会の一部門で循環しているお金の量が増えれば、同じ社会の別部門で循環するお金の量も増えて行くことを「経済波及効果」と呼びます。その測定方法は複数あります。ここでの「経済波及効果」は「拡大波及効果」とも呼ばれ、「一次波及効果」と「追加波及効果」を加えたものです。単純な例では、パンの消費が増えれば、パンを生産するために必要な材料である小麦粉の生産も増えるのが、「一次波及効果」です。一方、売り上げが増えたパン屋のオーナーが、休日に近所の寿司屋で外食する回数が増えるのが、「追加波及効果」です。

図表2―4―1の一列目の産業部門は、二列目の経済波及効果を示す「経済波及効果の係数」の大きいものから並べています。「経済波及効果の係数」は、「保健衛生」で六・〇一六です。これは、「保健衛生」で新たに資金（例：税金）を一〇〇万円投入した場合、全産業への最終的な経済波及効果が六〇一・六万円であることを示しています。「保健衛生」の経済波及効果は、この図表の全六〇産業部門のうち九位と、景気を刺激する非常に大きな効果があることを示しています。また、図表中で一つのカテゴリーとしてまとめた「介護」の二部門（居宅、施設）はいずれも、全産業六〇部門平均とサービス三〇部門平均よりも、経済波及効果が大きいのです。

医療分野内のプランA関連部門とプランB関連部門の比較を、以下で行います。プランB関連部門には、予防医療教育の産業分類である「保健衛生」部門、予防医療教育をサービスの一部として提供可能な「介護」二部門と「医療」三部門、さらに予防医療教育の開発・実施・評価に直接関わる「教育」と「研究」が含まれます。これらプランB関連の八部門は、プランA関連の二部門（医薬品と医療用機械器具）よりも、経済波及効果が大きい。例外は、「医療」の一部門（公益法人等・ランキング三六位）と研究（同三七位）が、医薬品（同三五位）よりもわずかに経済波及効果が小さいことです。

公共事業は、経済波及効果が小さい政府支出として、しばしば批判されてきました。実際、図表2—4—1中で**公共事業（ランキング四六位）は、上述の医療分野のプランAとプランBの一〇部門全てより、経済波及効果が小さいのです。**

ここで図表2—4—1の脚注に挙げた、経済波及効果の上位五部門について説明します。自動車産業は、ランキング二位の輸送機械部門に含まれます。「社会保険事業」と「社会福祉」はともに定義上、「日本標準産業分類」の大分類「医療・福祉」に含まれますが、プランBとの関連が高い部門のみを上記で詳述しました。なお、「公務（地方）」は行政事務を行う地方公務員であり、医療・教育・研究などに従事する公務員はこの部門に含みません。

次に産業部門間の比較に有用なマクロ経済二つめの指標、雇用創出効果について詳述します。図表2―4―1の三列目が示す雇用係数は、各産業部門で一単位（一〇〇万円）の生産を行うために必要となる雇用者数（個人業主も含む）です。この係数の値が高ければ、各産業部門が直接的に雇用を誘発・創出する効果が大きいことを意味します。

図表2―4―1脚注の雇用係数の上位五部門は、最上位から順に農林水産業、介護（居宅）、飲食店、小売、社会福祉（国公立）です。第4章で詳述するように、「農林水産業」はプランBに深く関連します。一〇〇万円の生産（すなわち需要と売り上げ）には、全産業中、農林水産業部門で最大の人手・雇用（〇・二六三九人）が必要です。別の言い方をすれば、新たに一人の雇用を創出するためには、追加の需要（売り上げ）が、農林水産業部門では全産業部門で最低額の三七九万円（＝一〇〇万円÷〇・二六三九）あれば良いという計算になります。つまり、全産業部門中、農林水産業部門は最も少ない投資金額で一人の雇用を生み出せるということです。

上述したプランBに関連する医療・介護六部門（雇用係数のランク二～一八位）は、（1）経済不況時に雇用創出を理由に政府支出が行われる「公共事業」（同二五位）や、（2）プランAの二部門「医薬品と医療用機械器具」（同三九、五〇位）、さらに（3）全産業六〇部門平均よりも、大きな雇用創出効果を持つことも示されました。

なお、二〇〇五年のデータを用いた別の研究[40]では、医療部門（上記の「医療」三部門の合計）、介護部門（上記介護二部門の合計）、公共事業部門にそれぞれ税金一兆円を投入した時の経済波及効果と雇用創出効果を、複数のシナリオで推計しています。あるシナリオでは、税金一兆円を医療部門に投入した場合、全産業部門への経済波及効果は、七・八兆円と推計されました。同様に、介護部門と公共事業部門の全産業部門への経済波及効果は、それぞれ五・五兆円、二・八兆円と推計されました。

この研究は雇用創出効果もはじき出しています。税金一兆円を医療部門に投入した場合、全産業部門で五一・八万人（医療部門での二六・〇万人を含む）の雇用創出効果があると推計されました。同様に、介護部門と公共事業部門の全産業部門への雇用創出効果は、それぞれ六二・九万人（介護部門での四四・四万人を含む）、一六・五万人（公共事業部門での六・六万人を含む）と推計されました。

5　プランAもBも成功するための専門分野間の資源の配分

プランBに含まれる医療サービスを提供する職種は、医師、看護師のみならず、「予防医療教育の先生」などもあり多様です。しかし、財源だけでなく、人的資源も有限です。日本経済の再生は、限られた人的資源をどの部門・職種に、いかに配分するかにもかかっています。

図表2―5―1は、プランAもプランBも成功させるために、私が考える望ましい専門分野間の人的資源配分を、四つの階層として表したものです。この図表で上層の科学は、下層の科学を基礎に生まれたことを示します。すなわち、これらの科学が生まれた歴史的経緯を見ても明らかなように、人文科学が全ての科学の基礎になります。現在でも、世界

図表2-5-1　望ましい専門分野間の資源配分
（例：研究者・教育者の数）

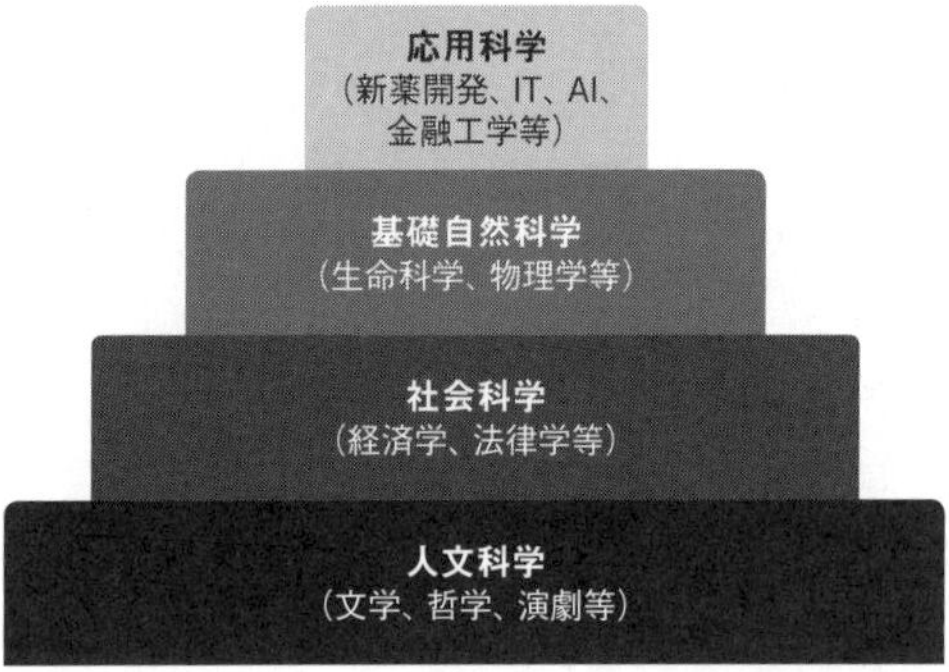

の高等教育機関で、自然科学を専攻分野として学びながら、あるいは学ぶ前に人文科学や社会科学を必須科目として学ぶことになっています。

資源配分の一例として、研究者・教育者の数を見てみましょう。

図表2―5―1の各層の横の長さが、望ましい研究者・教育者の数を示しており、最大が人文科学です。それに社会科学が続き、基礎自然科学が三番目です。人的資源配分の数が、相対的に最も低くてよい分野が、最上層の応用科学です。誤解のないように申し上げると、私は応用科学分野の研究者も、現状よりも増やすべきだと考えています。ただし、応用科学分野の研究者数よりもはる

図表2-5-2　専門分野間の資源配分の日本の現状
（例：研究者・教育者の数、予算）

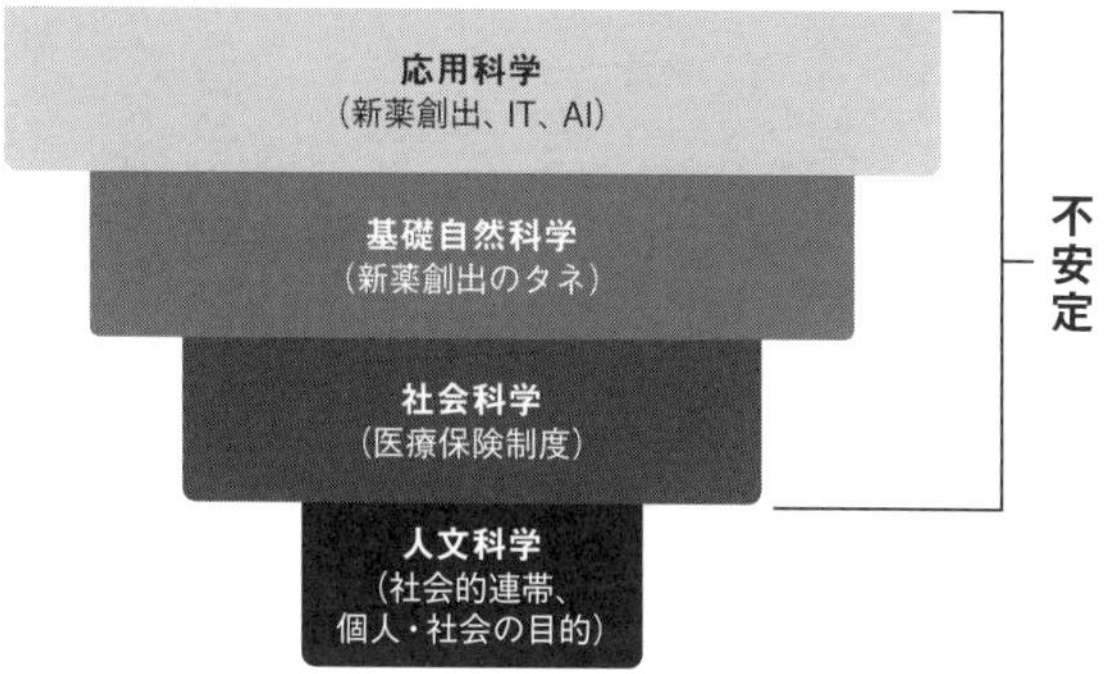

かに多く、人文科学や社会科学分野の研究者数を増やすべきだと、主張しているのです。

日本の専門家の主たる養成機関である大学における資源配分の現状は、図表2―5―2で表せると考えられます。残念ながら、図表2―5―2は、望ましい資源配分を示す図表2―5―1の真逆です。

これは、「ただちに金儲《かねもう》けに直結するはずの応用科学に手厚く資源（人員と資金）を配分する」という誤った原則を採用した結果です。一〇年単位で資源を上層の応用科学や自然科学に手厚く配分することは可能です。しかし、一〇〇年単位の歴史の中で形成された、「上層の科学は、より下層の科学を基礎に生まれる」という科学間の関係は変えられません。図表の下層の科学の資源配分が少なくなれば、上層の科学が「不安定」になる、つまり、生産性が低くなるのは当然の帰結です。そのことに、日本の政策決定者のみならず日本全体が自覚的になる必要があります。

この学問の地層における不安定さが目に見えて増しているのが、近年の日本です。具体例は、応用科学の実践の場とも言える革新的な企業の数の激減、自然科学研究の水準低下、社会科学の実践である医療保険制度の疲弊です。

公的医療保険制度の維持に最も必要なものは、財源でもエリート人材でもなく、「社会的連帯という価値観」です。社会的連帯を支える柱の一つは、「自分も明日、病気・怪我・失業が原因で社会的弱者になり得る」という想像力です。このような想像力の涵養《かんよう》には、人文科学・芸術の力が必要です。

米国は、歴史的に財源もエリート人材も十二分にありながら、先進国で唯一、全国民をカバーする公的医療保険制度がありません。この米国の特異な状況の理由として、米国で最も標準的な医療経済学の教科書は「米国民の価値観」を挙げています。[41]

図表2―5―1を理想とする私の考えは極論ではなく、自然科学分野でノーベル賞を受賞した日本の科学者たちと同じです。これらの日本の科学者たちは、異口同音に、応用科学に比べ、基礎研究への資源配分が相対的に少な過ぎることを指摘しています。このような指摘にもかかわらず、資源配分上の不安定性は、日本で年々悪化しています。

私が理想とする資源配分に対しては、「人文・社会科学はただちに換金できる価値がない」「プランAに必要なのは自然科学と応用科学だけ」といった使い古された批判がありますす。これらの批判はいずれも明確な誤りであると、二つの点から反論できます。

一つめの反論は、日本のプランA信奉者が理想的モデルとして引き合いに出す、米国のIT系大企業が、近年、大量の経済学（経済学は、社会科学の一つです！）の博士課程修了者（PhD エコノミスト）を雇用していることです。Athey 氏（スタンフォード大学ビジネス・スクール教授）と Luca 氏（ハーバード大学ビジネス・スクール准教授）の論文によると、アマゾンは五年間で一五〇人以上ものPhDエコノミストを雇い、どの大学の経済学部よりも多くのPhDエコノミストを擁しています。(42) つまり、この事実は、プランAの成功には、エコノミストを輩出する「社会科学」分野への手厚い資源配分が必要であることを示しています。アマゾンだけでなく、グーグル、フェイスブック、マイクロソフトなどのIT系巨大企業で、PhDエコノミストがビッグデータの分析を含む金儲けに直結する様々な業務に就いていますが、日本の「周回遅れ」の論者にはこの現実はよく知られていないようです。

二つめの反論は、第4章で詳解しますが、人文社会科学の知見を活用した、生活習慣を改善する予防医療教育を開発できれば、その潜在的な市場規模は、日本で一四兆円、米国なら一〇〇兆円にもなるからです。

生活習慣を変えることの困難さは、二〇二〇年からの新型コロナ危機以来、注目されている「感染予防のための個人の行動変容」と同根の問題です。従来の医療が自然科学に比べ、人文社会科学を軽視したことが、「医療費高騰」だけでなく「非効率なパンデミック対策」の一因にもなっていると私は考えています。一例としてあければ、「私は幸運な人間だから、過食でも太らない（または、三密の状態でも感染しない）」と主張する人の説得には、自然科学のエビデンスよりも、心理学・社会学の理論がはるかに有用です。心理学や社会学は、通常、日本では文学部で学ぶ分野です。文学部を過小評価してきた政策を、新型コロナ危機を機に見直すべきです。

この二つめの反論の延長として、ＩＴ分野の国際的巨大企業によるビッグデータ分析・ＡＩを基盤とするビジネスに対抗できる日本の切り札を、「プランＢ下の芸術・人文社会科学」にすることを提案します。一例は、医療費高騰への対策が二種類あることです。一つめの対策は、将来の医療費を正確に予測することです。二つめの対策は、医療費を削減することで、当然一つめの対策より重要です。しかし、二つめの対策がより困難であることが理由で、一つめの対策のほうが注目されやすいのです。

一つめの対策に最も関心が高いのは、医療保険機関です。なぜなら、一年後の医療費を正確に予測できれば、医療保険機関は赤字にならないように、営利保険企業なら期待される利潤率を達成できるように、保険の掛け金を事前に設定できるからです。具体的には、AＩはビッグデータを基に、暴飲暴食を繰り返し、スポーツクラブに行かず、年収がX円で、友人がY人以下の、ある個人の今後一年の医療費を「平均」としてかなり正確に予測できます。この予測技術において、日本企業はＩＴ分野の国際企業に大きく遅れています。この遅れを挽回するために提案されている「技術者を増やし、規制を緩和することで様々な個人情報への企業アクセスを容易にする」と言う案は、私から見れば「追いつき追い越せ型の『古い』」発想です。先行する巨大企業とは「同じ土俵で競争しない」という発想の転換が必要です。

発想の転換の一例として、予測の精度にこだわる「古い一つめの対策」よりも、芸術・人文社会科学を「新しい方法で活用する二つめの対策」を重視すべきです。先の個人の例で、二つめの対策とは、暴飲暴食を止める契機や、スポーツクラブに一緒に行く友人を見つける契機を提供することです。この二つめの対策を成功させる確率は、AＩよりも、「プランB下の芸術・人文社会科学」のほうが高いとの仮説を、私は立てています。

第四章で詳述するプランBを通じてこの仮説の正しさを今後証明できれば、「AＩの予測よりも実際の医療費がはるかに低い」という、良い意味でＡＩの予測を外すことが可能です。予測が外れれば、ＡＩの価値は下がります。ＡＩの価値が低くなれば、「ＡＩに対抗可能な、日本の切り札であるプランＢ下の芸術・人文社会科学」により多くの予算を配分することも正当化できます。暴飲暴食に苦しむ人にとっても社会全体にとっても、正確な一年後の医療費の予測よりもはるかに重要なことは、暴飲暴食を止めて医療費を削減することです。

次章では、地方自治体がプランＢを別の原理で適切に実施できれば、地方経済の再生が可能になるという道筋を説明します。

第3章　「プランB」が地方経済を救う

1　「平均寿命一八年以下」の米国大企業より、地方自治体が長生きしたければ

少子化と人口流出により、日本の地方自治体の一部が近い将来「消滅する」との報道を聞いても、日本の読者はもはや驚かないでしょう。それどころか、経済効率の悪い自治体運営をする地方自治体は淘汰されて消滅するのが当然だと考える日本人も少なくないようです。

日本には、一〇〇年単位の時間をかけて先人たちから継承されてきた、それぞれの地方の文化があります。それを維持し、日本文化を多様で豊かなものに留めるため、私は、地

方の消滅にできる限り、抵抗したいと考えています。また、不適切な経済評価方法により、地方自治体運営は不当に低い評価を受けてきたと、私は考えています。

経済評価は客観的な科学であるため、唯一の正解を導くと誤解している人が、残念ながら多過ぎます。目的が変われば、経済評価の方法も変える必要があり、その結果、別の正解が得られます。

現在の標準的な経済評価は、意図的なのか無意識なのか不明ですが、「地方の富と人材を、一極（日本の場合は東京）に集中させる」評価方法になっています。

本章では「地方再生」の目的にふさわしい評価方法を説明します。この評価方法は、既存の評価方法にマイナー・チェンジを行うだけですので、私が前代未聞の奇抜な評価方法を提示するわけでは全くありません。

第1章で詳述したように、既に日本経済は世界四大経済圏から見れば、「辺境」経済です。従って、本章の「地方」再生の概念は、そのまま「日本」再生にも当てはまります。

日本の地方衰退・消滅を、「日本経済全体の効率改善」のためにはやむを得ないと信じる人々がいます。このような人々は、「世界四大経済圏にとっての効率改善」のために、日本経済全体の衰退を後押しするグローバリストがたとえ現れたとしても、抵抗する根拠も意思もないと考えてよいでしょう。

地方の消滅にできる限り抵抗するという考えを私と共有し、地方自治体で真摯に日々仕事に向かう方は数多くいらっしゃると思います。

一方で、国際化やデジタル化を謳《うた》う、営利企業をお手本にする「浮足立った地方再生プラン」が横行していることもまた現実です。しかし、そうした前時代的な考えに、そろそろ疑問を呈する時期ではないでしょうか？　そもそも地方自治体の究極の目的は、少なくとも建前上は、地域社会の永遠の存続であるのに対し、営利企業の究極の目的は投資利益率の最大化であって、この二つは両立しないことが多いのです。

S&Pダウ・ジョーンズ・インデックスは、世界の優良企業五〇〇社を「S&P50

0」として選定しています。これらの超優良企業の寿命が急速に短くなっている報告を見れば、営利企業が、永遠の存続を目指す地方自治体のお手本になるとは思えません。「S&P500」社の平均寿命は、一九五八年には六一歳（西暦年と混同しないよう「歳」を用います）でしたが、一九八〇年には二五歳、二〇一一年は一八歳まで縮まりました[43]。

営利企業は、利潤率を最大化するためなら、自身の組織の寿命を削ることにすら何の痛みも感じないのでしょう。経営不全に陥ればいつでも潰し、再スタートして金銭的価値を創出できる企業とは異なり、地方の伝統ある文化は、一度継承が途絶えると、それまでに培った文化的な価値の再創出は非常に困難です。地方が独自の文化的価値を失い、金銭的価値のみで評価されるようになれば、「どうせ、コンビニエンスストアで同じ仕事をして働くのなら、時給の高い別の地域（最終的には東京）に移住するほうが効率よく稼げる」と主張する人を、地方に引き留めるのは不可能です。

「地元文化が大事なのは分かっているが、まず地元で回る現金がなければ、地元からスーパーもコンビニも撤退してしまう」。そうした批判に応えるため、本章では、地元からの現金（富）と人材の流出を減らす提案から始めます。

2　富と人材の「流出（漏れ）を防げる」のは、地方自治体を含む「非」営利組織

これまで繰り返し述べて来た通り、**プランBの最大の目的は、「日本の全住民の衣食住の充足」です。**従って、プランBの下での評価方法は、疲弊している日本の地方経済を切り捨てるものであってはなりません。またプランBの目的は「負けを減らす」ことです。「勝ち（地元外からの富の流入）を増やす」ことを目指すプランAが失敗した場合、プランBは「富の流出を減らす」ことで日本の全住民の生活水準の維持を目指します。

日本国内で地方経済が構造的に衰退している一因は、「上がらない、回らない、漏れる経済構造」に囚《とら》われているためです。すなわち、

（1）地元のいわゆる「99％」の労働者の「賃金が上がらない」

（2）地元の実体経済・潜在的成長産業に「おカネが回らない（循環しない）」

（3）地元の実体経済から「富と人材が漏れる（流出する）」という三重苦の構造です。

この三重苦の経済構造は、日本社会の分断・二極化を生んでいます。富める一極には、「（大規模営利企業が集中する）東京」と「（東京と直通のパイプを持つ）一握りの地方在住者」しかいません。この日本国内の東京と地方の関係に、見覚えはありませんか？　この関係は、国際社会における「（グローバル営利企業が集中する）米国など（中心）」と「日本（辺縁）」の関係と同じです。なお、「上がらない、回らない、漏れる」という表現は、ジャーナリストの船橋洋一氏が、日本政府の情報管理について用いた表現を、全く異なる意味で用いました。(44)

この「上がらない、回らない、漏れる経済構造」に対する最も重要な対策は、非営利部門の拡大です。少なくともプランBに関連する医療、教育、芸術・文化、政府機関への営利企業の参入を最小化することが必要です。本書では、日本で広く用いられている政府部門と民間部門の二分類法よりも、「非営利部門（政府と「非」営利民間団体を含む）」と「営利部門（営利民間企業のみ）」の二分類法を重視します。なぜなら、後者の分類法のほうが、本節の「富の流出（漏れ）」の議論を理解しやすいからです。

非営利部門と営利部門の制度上の最も重要な違いは、非営利部門の組織は、事業収入を「組織外の株主」に配当することを禁じられていることです。例えば、非営利組織の病院が得た収入は、その病院組織内で、職員の給与や病院内の設備への投資として使い切る義務があります。営利企業が「組織外の株主」に配当することは、企業が株主から資本提供を受けた見返りとして、企業組織内から組織外の株主への「富の流出」を認めていると言えます。

地方自治体から支出されるお金の流れていく先が、非営利部門か営利部門かを峻別《しゅんべつ》することで、「その地方経済圏内の非営利部門から営利部門への富の流出」を明らかにできます。結果的にこの峻別は、地方から首都圏への富の流出を減らし、日本から国外への富

図表3-2-1　プランB（予防医療教育）実施が非営利部門を拡大し、地方からの富の流出を減らす

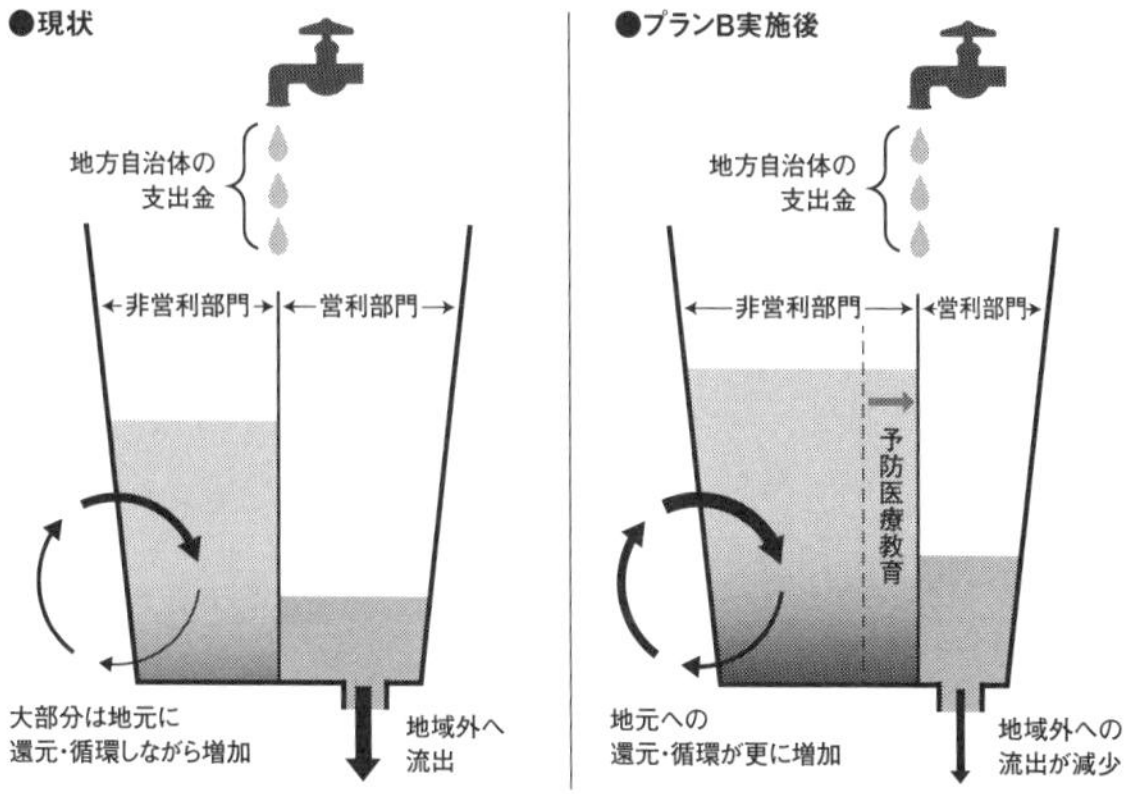

の流出を減らすことにもつながります。

上記の議論を視覚的に説明するのが、図表3―2―1です。この図表では、水道の蛇口から出る水が、地方自治体政府からの支出金を示します。この水が出て行く先にあるバケツが、地方経済を示します。このバケツに溜《た》まる水位が高くなるほど、地方にお金（富）がより高い水準で残ることを意味しています。このバケツの水位は、地方全体の金銭的豊かさだけでなく、この地方の住民の平均所得も表しています。当然、バケツの水位を高めることが、地方自治体政府に期待されています。

この図のバケツ内を二つに分ける仕切りが示すように、地方自治体政府からの支出金が出て行く先は、非営利部門（例：国民保険からの支払いを受ける医療機関）または営利部門（例：道路建設を受託した企業）に分けられます。上述したように、受託企業の本社や株主が地元以外（首都圏や海外）に立地・在住している場合、地方自治体から営利部門へ流れたお金の一部は、図中のバケツの底の穴を通って、地域外へ流出します。地域外への富の流出を減少させる根本的な対策は、地方自治体から営利部門へ流れるお金の量を減少させることです。

もちろん、営利部門の役割をゼロにすることは現実的ではありません。しかし、少なくともバケツの底の穴を小さくするために、地元に本社・株主が立地・在住している企業を優先して地方自治体政府が事業を委託するのも一案です。委託先の選択は、入札価格の低さだけでなく、地域外への富の流出量の低さも考慮すべきです。もちろん汚職の温床にならないように、自治体による選定過程を、関連データの公開も含めて透明化すべきです。

非営利部門にもバケツの底に穴がありますが、営利部門の穴とは全く異なります。非営利部門のバケツの底から出た矢印は、循環しながら太くなって、再度バケツの側面にある穴から非営利部門に戻ります。

どういうことか説明しましょう。第2章4節で説明した経済波及効果を思い出して下さい。例えば、地方自治体が保健衛生産業部門に一〇〇万円支出した場合、同じ経済圏の全産業への最終的な波及効果が約六〇〇万円生まれます(39)。

より具体的なプロセスを説明します。まず地方自治体が、予防医療教育サービス（例：栄養食事指導や禁煙支援）を生産・提供するスタッフに一〇〇万円を追加所得として支出します。そして、このスタッフは一〇〇万円の追加所得のうち、一〇万円を地元のスーパーで食品購入に充てるとします。この新たな一〇万円の食品購入（すなわち消費）が、食品産業の新たな生産を生み、経済波及効果が生じます。

地元のスーパーは、非営利部門である必要はありません。これを概念的に示すのが図中の循環する三つの矢印で、いったん非営利部門のバケツの底から、非営利部門の外部に出ます。しかし、売り上げが増えた地元のスーパーが新規雇用者を増やし、これらの新規雇用者の一部が地元の病院（非営利部門）を受診するなどすれば、バケツ側面の穴を通じて、非営利部門に戻ってきます。

ただし、同じ地元の経済圏内に存在する限り、非営利部門と営利部門を完全には分離できません。より現実に近い状態では、バケツ内の仕切りそのものにも小さな穴が多数あると考えて下さい。これらの小さな穴は、個人レベル・日常レベルでの、非営利部門と営利部門の間のお金のやり取りを示します。すなわち、同じ地元の経済圏（バケツ）内に存在する限り、非営利部門と営利部門の水位は、多数の小さな穴を通じて最終的には、ほぼ同じ水準になります。

とはいえ、最終的なバケツの水位を高めることは、最初に蛇口から出る水を、現在に比べて非営利部門により多く流すことで可能になります。もちろん、現在の地方自治体の支出先として、非営利部門の比率を上げ、営利部門の比率を下げることを正当化する、数量的な根拠・エビデンスが必要です。地方からの富の流出金額を含む根拠・エビデンスを提供できるのが、経済評価です。経済評価の具体例は、本章3節で紹介します。

富の流出と並ぶ、地方自治体の悩みは「人口、人材、雇用の流出」です。富の流出の計算に比べると、「人口、雇用の流出」の計算のほうがはるかに容易です。しかし、富の流出金額の評価を行わずに、「人口、雇用統計の変化」のみを見る評価では、地方消滅に向かうバスに乗せられていることにすら気付けません。以下で、地元の雇用数は維持されていても、最も重要な富の流出金額の評価を行わない上に、誤った評価基準を採用した仮想例を説明します。

この仮想例では、全住民の生活水準を上げるために、「公的部門の支出を最小化するほど望ましい」という誤った評価基準が採用されています。

X市役所で住民票を取得する場合に窓口で担当してくれるスタッフを、公務員から、営利企業による派遣社員に変えると仮定します。X市役所の公務員一人当たりの年間給与が六〇〇万円だと仮定します。この公務員の仕事を、新たに公務員を雇用する代わりに、派遣企業に五〇〇万円で外注すれば、X市の支出は一〇〇万円削減されます。この結果、X市が「一〇〇万円得する」わけではありません。なぜなら、派遣企業が手数料一〇〇万円を抜いて、「地元の人」を派遣社員として四〇〇万円の給与で雇用するからです。

この場合、X市の地元住民一人の給与が六〇〇万から四〇〇万に減少することを意味します。この結果、この住民がX市に納める住民税が確実に減ります。給与が六〇〇万円から四〇〇万円に下がれば、地元X市のスーパーで買い物をする金額も減るので、スーパーからX市への法人税額も減ります。派遣企業がX市以外に立地するなら、この企業が手数料として抜く一〇〇万円は、X市からの「富の流出」を意味します。しかし、派遣会社が地元の人を雇用する限り、雇用統計の悪化とは認められません。

こうした場合、雇用統計だけを見て、地元の経済は安泰だと見なして本当によいのでしょうか?

X市役所が、行政コスト削減の御旗《みはた》のもとに、派遣社員の数を増やせば増やすほど、X

市内で循環するお金が減り、結果的にX市の税収が減ります。すると、X市は上記と同じ公務員の仕事を、五〇〇〇万円よりさらに低い四〇〇〇万円で派遣企業に外注するようになります。

契約金額が低下しても、利潤と株主配当を最重視する派遣企業は、一〇〇万円の手数料を維持し、X市の住民を三〇〇万円の給与で一年契約の派遣社員として雇用します。その結果、さらにX市で循環するお金が減少し、X市の税収はますます低下し、契約社員の給与が二〇〇万円になり、一〇〇万円になり……最後はボランティアに依存してX市の市役所は運営されるようになります。つまり、ボランティアに依存するという最終局面に至って、ようやく雇用統計の悪化が認められます。

最終的に、低給与・低生活水準に耐えられず、多くの住民がX市から逃げ出し、X市そのものが人口減で「消滅」して、隣接する自治体に吸収されます。その結果、元X市地域の住民は、生活に不可欠なサービスである住民票を取得するために、片道二時間かけて遠方の役所に行かねばなりません。

「公的部門の支出を最小化すれば、全住民の生活水準が上がる」というレトリックに騙《だま》され続けた元X市の住民に、「自己責任として、この惨状に耐えろ」と果たして言えるでしょうか。「行政コスト削減」の御旗のもとで、自治体そのものの余命をゼロまで削減したわけです。これは日本の全ての地方自治体にとって、明日は我が身の姿ではないかと私は思います。

「地元からの富の流出金額」を評価項目として定期的に計測していれば、「非営利である公的部門の支出を最小化するほど望ましい」という評価基準の誤りを、早期に気付けたはずです。なお、この評価基準が誤りと判断できるのは、「地方経済の再生」という目的がある場合のみです。「人材派遣企業の利益を最大化する」という別の目的の下では、この評価基準は正しいのです。上述したように、目的が変われば、厳密な経済評価の「正解」も変わります。この場合、「複数の正解」から「一つの正解」を選ぶ基準は、科学ではなく、価値観です。

誤解のないように申し上げると、私は、営利企業を認めない厳格な共産主義者ではありません。しかし、産業分野ごと・個々のサービスごとに、営利企業の役割を、経済評価を考慮して慎重に判断する必要があると考えているのです。巨額の先行投資が必要な産業分野、すなわちプランAの対象分野、たとえば、携帯電話や医薬品開発では、営利部門の役割は大きくても当然です。逆に、巨額の先行投資を必要としない事業を、プランBは優先的に対象としています。

バケツの例に戻れば、営利企業が地域外から投資を行えば、バケツに水を注ぐ蛇口の数が増えます。しかし、単位時間あたりに流入する水量（金額）が増えても、営利部門の底の穴が大きくなり、流出する水量がそれ以上に増えれば、最終的にバケツの水位は下がり続けます。蛇口の数を増やすよりも、バケツ内の水位を高めるほうがはるかに大事であることを忘れる人が、なぜか少なくありません。

3　実体経済を「回す」ために必要なのは、プランB関連の雇用の創出

読者の皆さんから以下のような質問が予想されます。

「前節の仮想例で、市役所の職員を新規に雇用するほうが、派遣企業に委託するより、地元経済のバケツの水位が上がることは分かった。しかし、地方での雇用を増やせない限り、地方からの人口流出に歯止めがかからず、ましてや東京から移住者が来ることは到底望めない。雇用を増やすことは、自治体の限られた財源の中で可能なのか?」

この質問に対する答えは、「少なくとも理論上、自治体の支出額が同じでも、プランBを実施することで、地方で雇用を増やすことは可能」です。その理由は、図表3―2―1のバケツに流入する水量（自治体の支出額）が同じでも、プランBは、水量の一部を流出先である営利部門から、非営利部門に移行させるからです。医療サービスでも、代替可能な複数の選択肢があれば、地方自治体ができる限り非営利部門の医療サービスを選べば、

新たな雇用の創出は可能です。

具体例として、糖尿病の予防には二つの選択肢として、予防医療教育（例：栄養食事指導や運動指導）と薬があります。糖尿病の予防医療教育は、米国では二〇一八年から公的医療保険給付の対象になりました。この保険給付の根拠として、厳密な経済評価を含む大規模な介入研究があります。[45] この研究では、薬に比べ、予防医療教育のほうが高い臨床効果だけでなく、望ましい費用対効果（経済的効果指標の一つ）も持つと報告されています。一方、薬のほうは、プラセボ（理論上、臨床効果がない小麦粉など）に比べれば、ある程度は糖尿病の予防に効果があると報告されました。

この研究報告から、私は以下のことを危惧しています。それは、多くの患者さんが薬の効果が相対的に低いと知りながら、予防医療教育よりも、薬を希望することです。なぜなら患者さんにとって、薬を内服するよりも、予防医療教育のほうが、はるかに時間的負担が大きいからです。

それではなぜ、地方再生の視点からは薬の使用に賛成できないのか。

地方自治体は、国民健康保険を運営する保険者でもあります。国民保険がこの薬へ支払うお金は、製薬企業（営利部門）に流れ、上述のバケツの水位は低下します。それに比べ、**非営利部門の予防医療教育のスタッフに同じ金額を払うほうが、バケツの水位は上がるだけでなく、地方で雇用も創出できます。**

残念ながら、上記の米国の糖尿病予防の介入研究で用いられた経済評価[45]は、地元経済への貢献も、地元での雇用創出も考慮していません。換言すれば、医療費として支払うお金の流れていく先が、営利部門か非営利部門かを峻別していません。このような峻別が、標準的な経済評価において行われていないことに、私は強い懸念を持っています。この峻別を経済評価が避けている理由の一つは、評価に必要なデータへのアクセスが困難であることです。

しかし、地方自治体からデータに関する協力が得られれば、この峻別を含めた経済評価が可能になります。

地方経済再生・雇用創出のために必要な評価の実例を、図表3―3―1を用いて説明します。この例を通じて、プランBによる地元雇用の創出が、バケツの水位をどの程度上げるかについて、具体的な金額を提示します。また、地方自治体政府と中央政府という、視点の異なる二つの比較例で説明します。以下の説明は、非常に細かい計算方法の話ですので、興味のない方は本節の最後の段落（一四五ページ）まで読み飛ばして下さい。

単純化のため、以下の議論では、薬と予防医療教育は費用と効果が同じで、患者さんの自己負担額は常にゼロと仮定します。先述の米国で実施された介入研究は、「糖尿病を予防する薬を服用する患者グループ」と「糖尿病を予防するため、生活習慣を変える予防医療教育を受ける患者グループ」を比較しました。その結果、「追加的に必要な介入費用一〇〇〇万円当たりの追加的寿命延長（質調整後）の効果が、グループの平均値でそれぞれ約三・三年と約三・九年」という結果が得られました。[45]「薬と予防医療教育の費用と効果が同じ」という仮定は、現実的にもあり得るものです。

図表3-3-1　「薬〔プランA〕から予防医療教育〔プランB〕へ」を正当化する評価方法と仮想例：医療費が支出された後のお金の流れの内訳を、地方自治体X県の税収・社会保険料（X県と中央政府の合計）と地元経済への寄与から比較

	薬#	予防医療教育
I）医療費支出	300万円	300万円
II=II-1+II-2+II-3） 税収と社会保険料の合計	5.6万円 (67.3万円+?万円)	58.8万円 (81.8万円)
II-1) 法人税／所得税・住民税	0万円（?万円）	12万円§ (18万円)§
II-2）社会保険料	0万円（42万円）§	42万円§ (42万円)§
II-3）消費税	5.6万円† (25.3万円)†	4.8万円‡ (21.8万円)‡
III）地元経済への寄与	22万円† (22万円+?万円)	218.2万円 (218.2万円)

薬と予防医療教育の費用・効果を同じと仮定。
従来の評価方法（Iのみを根拠）の結論：「薬と予防医療教育の経済効率は同じ」。筆者の提言する新しい評価方法（IのみならずIIとIIIも考慮）の結論：「薬よりも予防医療教育が望ましい」可能性が高い

#：薬も処方や調剤などの一連のサービスを考えると、人件費が占める割合も高くなり、分配面のGDP上給与としてサービスが供給された場所のGDPが高くなる可能性があるが、この例を単純化するため、考慮していない。

§：年収300万円のモデルケースを参照。https://career-picks.com/average-salary/nensyu300
住民税12万円をX県（厳密にはX県に4.8万円、スタッフが居住する市町村に7.2万円）に、所得税6万円を中央政府に、社会保険料42万円払うと仮定。製薬企業の従業員も社会保険料を支払っているが、単純化の為、ここでは予防医療教育と同額と仮定。単純化のため、社会保険料の雇用者負担も、薬と予防医療教育の間で同じ（0円）と仮定。

†：単純化の為患者の自己負担額（率）をゼロに仮定。X県立の医療機関の仕入れ額のみを基にすると、消費税額は25.3万円（＝300万円x（100%－7.2%）x（10%/110%））。この25.3万円の内、X県に地方消費財として還元されるのは5.6万円（厳密にはX県に2.8万円、スタッフが居住する市町村に2.8万円）、残りの19.7万円は中央政府へ。

‡：予防医療教育スタッフは、所得税・住民税・社会保険料を除いた、手取りが240万円の全額をX県で消費すると、消費税（10%と仮定）を21.8万円払うと仮定。この21.8万円の内、X県に地方消費財として還元されるのは4.8万円（厳密にはX県に2.4万円、スタッフが居住する市町村に2.4万円）、残りの17万円は中央政府へ。

最初の比較例では、視点を一地方自治体（以下でX県）にして、薬と予防医療教育を比較します。この例では、製薬企業が評価対象のX県に立地していないと仮定します。この場合、支出した薬の費用のほとんどがX県から富として流出することを、以下で説明します。

単純化のため、X県の国民保険が、地元の自治体立の医療機関（例：県立病院）に、「国が決める公定価格」に基づいて、薬代三〇〇万円（消費税込み。以下同）を支払うと仮定します。医療機関が医薬品仕入れ時に支払う「市場実勢価格」は「公定価格」より通常低く、この差額は医療機関にとっては利益になります（「薬価差益」と呼ばれる）。この差額の近似値として、厚生労働省が発表した平均乖離率《かいりりつ》（二〇一八年で七・二パーセント[46]）を仮定すると、X県の自治体立の医療機関は、薬価差益約二二万円（＝三〇〇万円×七・二パーセント）を得ます。この二二万円が地元経済への貢献になります（図表3—3—1の項目Ⅲ）。このX県立の医療機関から受け取る地方消費税額は五・六万円（項目Ⅱ—3）です。

製薬企業は、二七八万（三〇〇万円から薬価差益二二万円を引いた額）の売り上げを得ます。しかし、この製薬企業はX県に立地していないので、評価対象であるX県に対し、法人税・住民税、社会保険料として支払う額は全てゼロ（項目Ⅱ―1とⅡ―2）です。

一方、このX県が予防医療教育のスタッフ（雇用主はX県、またはX県に所在する非営利民間組織）を一人雇って一年で三〇〇万円支払うと仮定します。三〇〇万円の計算方法は、時給一五〇〇円で週四〇時間・年間五〇週労働したと仮定。このスタッフの税率と社会保険料は、居住地・扶養家族・雇用形態などにより決まりますが、単純化のため、住民税（一二万円）と社会保険料（四二万円）をX県（国民保険の保険者である市町村を含む）に払うと仮定します[47]。

このスタッフは、所得税（六万円が中央政府の歳入へ）・住民税・社会保険料を除いた、手取り二四〇万円の全額をX県内で支出したとすると、消費税（一〇パーセントと仮定）を二一・八万円（＝二四〇万円×一〇パーセント／一一〇パーセント）払います。この二一・八万円の消費税のうち、X県に還元されるのは四・八万円（残り一七万円は中央政府へ）です。このスタッフは、消費を通じ二一八・二万円（手取り金額－消費税額。項目Ⅲ）をX県内の経済に貢献します。さらに、地方税と社会保険料の歳入を五八・八万円（住民税＋社会保険料＋X県内に入る消費税。項目Ⅱ）増やします。

地元経済への寄与（項目Ⅲ）の点では、予防医療教育（二一八・二万円）のほうが薬（二二万円）より大きいことは明らかです。

また、X県への税収と保険料収入（表内の項目Ⅱ）の点でも、予防医療教育（五八・八万円）のほうが薬（五・六万円）より大きい。従って、薬よりも予防医療教育に支出するほうが、「地元からの富の流出（負け）を減らす」効果があります。

さらに、薬に比べ、予防医療教育のほうが、X県への「スタッフとして雇用できる人材流入（勝ち）」を増やす効果もあります。換言すれば、財源が同じでも、薬（富の流出）を減らせば、それを原資に雇用を増やせるのです。

二つめの比較例では、視点を「広義の日本政府（最初の例のX県に中央政府を加える）」にして、薬と予防医療教育を比較します。この例では、製薬企業が日本国内に立地していると仮定します。この場合、この製薬企業が日本国内で払う法人税を計算することは困難です。その理由の一つは、二〇一九年四月現在の法人税率は、企業の売り上げではなく、「利益」にのみ適用されるからです。そのため、薬の「売り上げ」二七八万円に法人税率を単純に適用できません。製薬企業ごとに異なる法人税率の、詳細な企業データにアクセスすることは厳密な評価のために不可欠ですが、現状では極めて困難です。

また、製薬企業は雇用者への給与を通じて所得税・住民税にも貢献しています。しかし、法人税と同様、企業データへのアクセスが困難であるため、妥当な額が不明ですので、図表3―3―1では「?万円」と記しました。広義の日本政府への税収と保険料収入（項目Ⅱ）の比較は、予防医療教育（八一・八万円）のほうが薬（六七・三万円＋?万円）より大きくなります。これは製薬企業からの法人税収入が一四・五万円（＝八一・八－六七・三万円）未満の場合です。

二つめの比較例（X県を含めた広義の日本政府の視点）では、厳密な計量的比較が困難ですが、最初の比較例（一自治体の視点）同様、「富の流出」と「雇用の創出」の二つを考慮することは可能です。二つめの比較例でも、薬より予防医療教育に支出するほうが、「日本経済再生」のために望ましい可能性が高いと、私は考えます。なぜなら、薬に比べ、予防医療教育のほうが、日本から国外への「富の流出（負け）を減らし」、日本国内の「雇用（勝ち）を増やす」からです。もし、ここで薬を選択したならば、製薬企業から外国人株主への配当や、外国の製薬会社への特許料の支払いを通じて富が流出し、日本国内経済への寄与（項目Ⅲ）を減らすことになります。

4 「99%」の住民の賃金を「上げられる」のは、地方自治体を含む政府

日本の実質賃金指数は、一九九七年をピークに下がり続けています。

国際比較をすれば、この状況は異常と呼んでもよいでしょう。一九九七年の実質賃金指数を一〇〇とした場合、一九年後の二〇一六年の実質賃金指数は、ドイツと米国（約一一五）、英仏（約一二五）、スウェーデン（一三八）などで上昇した一方で、日本（九〇）だけが下落しています。[48]

先進国クラブと呼ばれるOECDの平均賃金に比べると、日本の賃金がピークだった一九九七年には欧米とほぼ同水準でしたが、二〇一五年では一三パーセントも下回っています。[47] 実質賃金において、先進国の最下位グループが、日本の「指定席」になりつつあります。

「日本全体が貧しくなったので、賃金低下に耐えるべきだ」との意見には反対です。なぜなら、日本は貧しくなってはいないからです。日本の家計における「現金・預金」の住民一人当たりの平均値を見ても、二〇〇四年の約六一〇万円から、二〇一九年の約八〇〇万円まで一貫して増加するほど、豊かになっています。[49] しかし、実質賃金が低下し続けている時期に、なぜ「現金・預金」が一貫して増えるのでしょうか？ それは、主たる家計収入が賃金ではなく、資産運用による利益である「1%」の富裕層の家計が豊かになり、それが日本の全家計の「平均値」を引き上げたためです。

日本の法人企業の内部留保は、八年連続で過去最大を更新中で、二〇一九年度で四七五兆円に達しました。[50] しかし、日本の法人企業は従業員の賃上げに関心がありません。だとすれば、政府が率先して、「最低賃金の引き上げ」から取り組むべきだと私は考えています。

厚生労働省によると、最低賃金は、公益代表、労働者代表、使用者代表の各同数の委員で構成される地方最低賃金審議会において議論の上、都道府県労働局長が決定しています。使用者が労働者に、最低賃金額以上の賃金を支払わない場合には、法律に基づき罰金が科せられることがあるので、政府は賃上げに大きな影響力を行使できます。

しかし残念なことに、未だに日本では「最低賃金を上昇させると、雇用が減る」という「周回遅れ」の意見が主流です。米国の最先端の経済学者の間では、「最低賃金を上昇させると、雇用はむしろ増加する」ことが「常識」です。この常識を前提に、「最低賃金の上昇に伴う、社会全体の多様な便益をいかに数値化するか」に関心の対象が移っています。[51]

経済学の分野で最も権威のある学術誌の一つである「Quarterly Journal of Economics」に二〇一九年に掲載された研究論文を紹介します。

この論文は、一九七九年以降に実施された、一三八件（！）もの最低賃金の引き上げの実例をまとめたデータを、最先端の統計学を用いて分析しました。[52]

この研究は、最低賃金の引き上げ実施後に同時に起こり得る、二つの相反する影響を分離した上で比較しました。これら二つの影響とは、最低賃金の引き上げ後に、（1）「違法であるにもかかわらず、最低賃金未満の賃金しか支払わない使用者の下で働く労働者（雇用）が減少する影響」と、（2）「法律改正に従い、新たな最低賃金以上の賃金を支払う使用者の下で働く労働者（雇用）が増加する影響」です。

前者の影響よりも後者の影響のほうが規模が大きいため、これらの二つの影響をトータルすると、全体として雇用が増加することを実証的に示しました。前者の影響は違法行為の影響ですので、政府の査察を増やせば、さらに減らすことは可能です。違法な低賃金を続ける雇用は、むしろ減ったほうが社会全体のためになります。日本の状況は異なると反論するなら、この論文並みの厳密な分析を是非紹介して頂きたいと思います。

最低賃金の引き上げに伴って雇用が増加する理由の一つは、低過ぎる最低賃金ゆえに就労意欲を失っていた人々の一部が、引き上げられた最低賃金なら「働く価値がある」と判断して就労するからです。求人（雇用機会）があっても、賃金が低過ぎれば、応募する人も少なく、使用者が望むレベルの労働者が集まらない可能性も高まります。使用者と労働者の双方の合意があって、初めて統計上の雇用創出につながります。

また、近年の米国の労働経済学や政策評価では、「雇用創出の絶対数」のほうが、失業率よりも重視されます。なぜなら、失業率を計算する際の分母は、「主観的に就労意欲のある人の総数」だからです。つまり、失業率の分母は、最低賃金や同居家族の収入などの要因で大きく変動するので、「雇用創出の絶対数」よりも客観性が低い経済指標と見なされています。

最低賃金の上昇に伴う、社会全体の多様な便益の一部を紹介します。使用者側が歓迎できる便益には、（1）労働生産性の上昇（例：デパート販売員の最低賃金を時給で一ドル（約一〇〇円）上昇させると、販売員一人の一時間当たりの売り上げが四・五パーセント上昇）と、（2）離職率の低下に伴う新規労働者のリクルート・研修費用の低下があります。最低賃金が一〇パーセント上昇すると、学歴が高校卒業以下の労働者の自殺率が三・六パーセント減少する効果もあります[51]。

興味深いことに、使用者は最低賃金の引き上げ義務に従う際に、義務付けられていない「賃金がやや高い労働者」の賃金まで自主的に引き上げる傾向がありました[52]。最低賃金引き上げに伴って給与が増えた労働者は、消費支出額を増やし[51]、社会全体の景気刺激にも貢献します。

上述したように、日本の「平均」実質賃金が低下傾向にあるのに比べ、日本の「最低」

賃金はかろうじて上昇傾向にあります。しかし、日本の最低賃金の絶対値が、諸外国に比べ低い上、上昇の幅も小規模です。

その結果、二〇一八年の英仏独三ヵ国の最低賃金が、時給一〇・二～一二・〇ドルであるのに比べ、日本の最低賃金は八ドルです。[53] 二〇一九年の韓国の最低賃金は、日本の（一部の大都市圏を除く）三二道県を上回りました。[54]

この期に及んで、日本の最低賃金の引き上げに反対することは、「国際競争力を高めるために高い賃金に見合うスキルの高い労働者を育成する先進国モデルを放棄し、低賃金労働を売りにする発展途上国モデルに舵を切った」と見なされるでしょう。

米国では、最低賃金を時給一五ドル（約一五〇〇円）にする政策提言が注目を浴びています。従って、日本で最低賃金を一五〇〇円に引き上げることは、少なくとも小規模な自治体レベルで、パイロット研究（小規模調査）を始めるだけの価値があります。パイロット研究では、上述したような社会全体の多様な便益を厳密に検証する必要があります。パイロット研究の結果に基づき、地域を拡大した研究を行う際には、負の影響を最小化する政策も併せて実施すべきです。

最低賃金を一五〇〇円に引き上げると日本の中小企業が倒産するとの懸念は、中小企業に対する補助金で軽減できます。補助金の規模は、事前にシミュレーションを行うだけでなく、「事後的」に厳密な検証を通じて決めていく他ありません。

この補助金の規模を含めた最低賃金の望ましい水準、さらに言えば、現在の日本に最適な消費税率や所得税率は、試行錯誤を通じて事後的に修正を続ける必要があります。なぜならこれらの問題は、ノーベル経済学賞を受賞した天才エコノミストが、世界最速のスーパー・コンピューターを用いても、事前に最適な答えを出すことは不可能だからです。

それは、統計学的視点から説明できます。どういうことかと言うと、政策の試行錯誤のブレ（すなわち、政策上の多様なばらつき）がある程度大きいほうが、「事後的により正確な答え」が得られるのです。欧米諸国における頻回な政権交代は、政策上のばらつきを生み、その結果、統計学的にも「事後的に政策上のより正確な答え」に到達できる多大なメリットがあります。

　この政策上のばらつき（多様性）を認めるメリットは、政権交代以外にも、米国内において五〇の州政府が独自に多様な政策を実施することでも得られます。

　政権交代や多様な地方自治体という民主主義の基本は、政策上の最適解を求める統計学・経済学的分析の精度向上にも寄与するわけです。

　これらの民主主義の基本は、残念ながらかつてもいまも、日本では根付いていません。その結果、**税制を含め、政策上の多様性を嫌い、同質性と持続性を最優先する「日本丸」の乗客は、船が沈みかけても他の船に乗り移る選択肢はありません。**

　対して、一見非効率に見えますが、かろうじて一団として併走する五〇隻の船をまとめて「米国丸」と呼ぶ米国の住民には、「避難先」として四九もの選択肢があるのです。

「中小企業に対する補助金を出してまで、最低賃金を引き上げるのは、『小さな政府』を目指す日本の保守政治の基本方針に反する」との批判が上がるかも知れません。それに対

図表3-4-1　先進諸国の国内総生産に占める税収の割合 [%GDP]

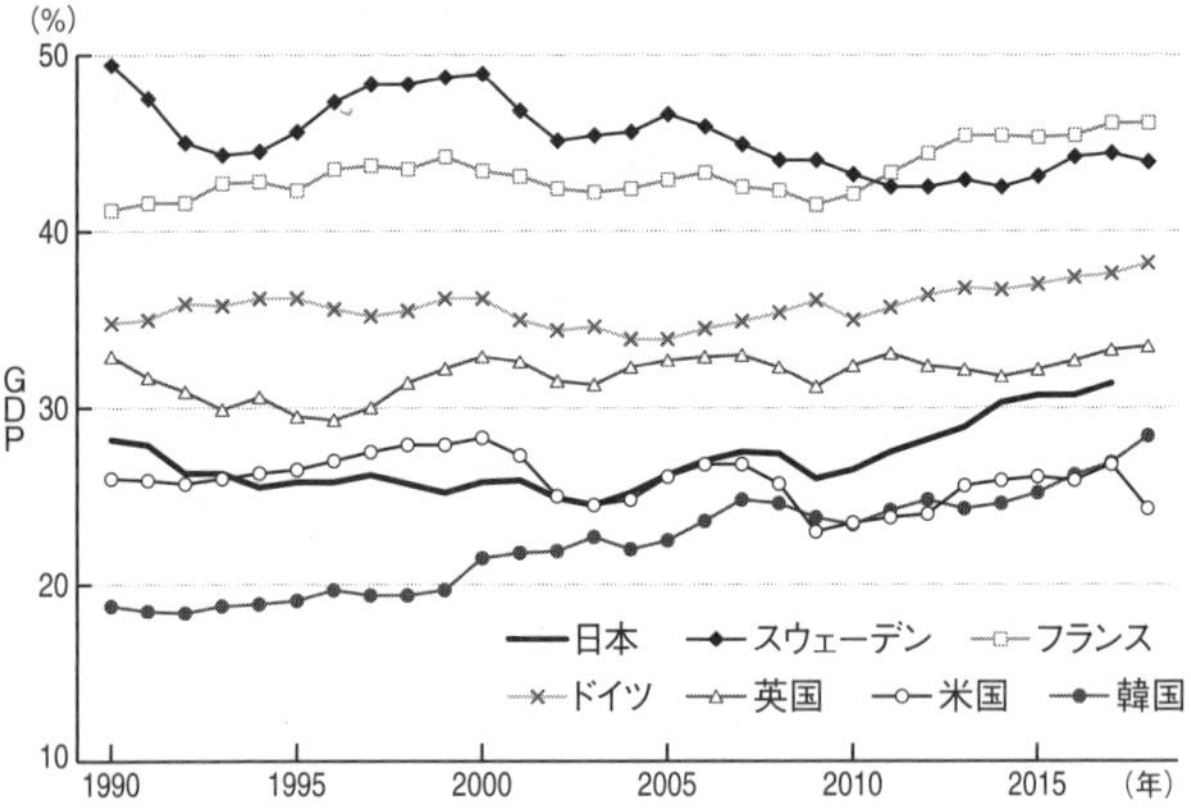

OECD Stat: Global Revenue Statistics Database より筆者作成
日本の2018年データは本グラフ作成時点（2020年6月）において未公開

する反論を述べましょう。

政府が「大きいか、小さいか」を判断する指標として、税率の単純な国際比較は意味がありません。なぜなら、日本を含めた多くの国で、特定の産業、企業、地域に「減税の特例措置」を適用することは、選挙対策を兼ねて数多くあるためです。ですから、実際の税収がＧＤＰに占める割合のほうをより正確な指標として以下に用います。この指標を七ヵ国で過去三〇年間比較したのが、図表３―４―１です。[55]

驚かれる方が多いと思いますが、バブル経済が崩壊した一九九〇年以降の三〇年間のうち、「最も大きな政府」を実現したのは、二〇一二年一二月から始まった第二次安倍政権です。対GDP比で、初めて税収が二九パーセントを超えたのは二〇一三年。その後も三〇パーセントを超えて高止まりです。もっとも、この指標の二〇一七年時点での国際比較では、上位グループのフランス・スウェーデン（約四五パーセント）や中位グループの独・英（約三五パーセント）よりも、日本の政府は小さく、下位グループの米・韓国（約二七パーセント）よりもやや大きいのですが。

広く流布している常識は「『大きな政府』の代表例の北欧諸国では、税金は高いが社会保障が充実している」一方で、「『小さな政府』の代表例の米英では、税金は低いが社会保障が弱い」です。この常識は、日本では全く当てはまりません。なぜなら、図表3―4―1が示す通り、二〇〇三年以降（リーマンショック後の二〇〇九年を除く）一貫して日本の政府は大きくなり続けました。

しかし、同じ時期に常識とは逆に、日本の社会保障制度は一貫して弱体化しました。政府のサイズの「大小」の議論も、「緊縮か反緊縮財政か」の議論も、副次的な問題である絶対値（例：予算総額）になぜか偏っています。最も重要である項目ごとの支出金の「対GDP比の相対的変化率」にもっと注目すべきです。例えば、社会保障費の変化率は他の項目と比べてどう変化したかを、重点的にマスコミは報じるべきです。

また、図表3―4―1は、リーマンショック（二〇〇八年）以降、主要先進国がより大きな政府に移行する傾向も示しています。この傾向は、これらの先進諸国で民間営利部門の利潤率が低下した結果、GDPの増大に寄与する政府部門の割合が、相対的に上昇したとも解釈できます。賃金の引き上げについても、民間部門に丸投げするのではなく、政府部門のより大きな役割が必要な根拠の一つでもあります。

5 「上がらない、回らない、漏れる」地方経済を助長してきた不適切な経済評価

本章の2節では、地方経済の再生には、図表3―2―1のバケツの水位を上げることが重要であることを説明しました。このバケツの水位をより効率的に上昇させる政策に、予

算配分において高い優先順位をつけることが、経済評価の本来の目的です。もちろん中央・地方自治体政府は、既に独自の経済評価を実施しています。しかし、私は、三つの不適切な経済評価が、地方経済のバケツの水位を不当に引き下げていると考えています。すなわち、

（1）評価結果の不適切な利用方法
（2）未来に受け取る便益を不当に低評価する計算方法
（3）「利益の相反」に抵触する不適切な個人・組織が実施する評価方法

この三点について、以下で解決法を含め、説明します。

（1）の評価結果の不適切な利用方法とは、「経済効率の低い営利企業は、市場における競争の結果として、潰れて当然」という前提条件を、非営利部門にも適用することです。上述したように、社会を存続する上で不可欠な社会資本（例：医療・教育など）は歴史的に、非営利部門が担ってきました。**これらの「社会資本は、原則潰してはならない」という別の前提条件を、非営利部門の経済評価では採用すべきだと私は考えます。**

以下の例でも、第2章の図表2―4―1（一〇五ページ）の経済波及効果の値が適用できると仮定します。ある産業分野に水量一〇〇万円分を注ぎます。すると、その一〇〇万円がバケツ内で循環し、最終的に一〇〇万円を上回った部分の水量が多ければ多いほど、経済波及効果において効率が高い産業分野であると見なされます。この図表を見ると、増加する水量は、保健衛生分野で約六〇〇万円ですので、病院・診療所を含む医療分野（約五七五万円）よりも、経済効率が高い。[39] しかし、このデータのみを根拠に、「病院・診療所への予算を大幅に削減すべき」という解釈は暴論です。なぜなら、医療サービスは社会資本の一部であり、「最低水準」以上の供給量・予算を確保することは必須だからです。ここでは深入りしませんが、この「最低水準」を設定することは、医療経済学を含む最先端の学術手法を用いても、容易ではありません。

個々の医療機関ごとの経済効率の測定・比較には、前述の図表2―4―1を用いる「マクロ」経済分析ではなく「ミクロ」経済分析が必要です。個々の医療機関レベルよりもさらに細かいミクロ経済分析の一例は、既に紹介した、特定の薬と予防医療教育プログラムの経済効果を比較した図表3―3―1（一四〇ページ）です。

非常に残念なことに、ミクロ経済分析を誤って用いるケースが多過ぎます。個々の病院や医師を、経済効率指標でランク付けすることは可能です。しかし、誤用の典型例は、保険機関が、高いランクの病院・医師には支払いを上乗せ（ボーナス支給）し、低いランクの病院・医師には支払いを減額（罰金）ないし契約の打ち切りをすることです。このような安易な「アメとムチ」政策では、医療費の管理も、患者さんの健康状態の向上も不可能なことは、膨大な医療経済研究が示しています。そもそも、この「アメとムチ」政策の根本的な誤りは、「医療機関は社会資本であるゆえ、潰してはならない」という前提条件を理解していないことです。

非営利部門におけるミクロ経済分析の正しい目的は、特定の医療機関を潰さずに、医療機関全体の経済効率を向上させることです。すなわち、医療経済指標で低いランクの病院・医師には、「ムチ」ではなく、効率改善に必要なデータと資金（研修などに使う）を、

「支援」として提供すべきなのです。これらの病院・医師において効率が改善すれば、医療機関全体の経済効率は自《おの》ずと改善します。さらに留意すべきは、個々の病院や医師を、経済効率指標でランク付けするために必須である医療の質の測定は、容易ではないことです。

すなわち、医療の質の測定を含めた「医療経済評価」を厳密に行うためには、非常に高度なデータ分析能力が必要です。従って、米国を含む国際的な基準では、相応のトレーニングと資格が求められます。少なくとも、経済学部博士課程レベルの計量経済学の講義を、どの教授の指導下で学んだかが問われます。ちなみに「自分で本を読んだ」は、国際的な基準において、資格があるとは全く見なされません。

しかし、現状の日本では、このようなデータ分析の手法を学ぶ環境がほとんど整備されていません。そこで、医療経済評価は、以下の三タイプの人材で構成されるグループで行うことを提案したいと思います。

一タイプめの人材は、大卒レベルを対象に、最低でも一週間かけた集中研修で育成します。この研修で目標とするスキルは、少なくとも、（a）この分野の実務家・行政官向けの文献を読んで解釈できること、（b）評価に必要なデータを収集できることです。

二タイプめの人材は、公衆衛生学、経済学、公共政策学などの修士課程で育成し、追加的なスキルとして、（c）簡単な医療経済評価なら独力で行えることが目標です。

三タイプめの人材は、上記分野の博士課程で育成し、（d）複雑な医療経済評価も独力で行えることが目標です。

これらの人材は日本でも育ちつつありますが、圧倒的に不足しています。最も数多く必要な一タイプめの人材育成はオンライン講義でも可能ですので、地方自治体でも人材育成を始めるべきです。

さらに、まだ日本では、二、三タイプめの人材を育成できる教育機関が圧倒的に不足しています。それゆえ、中長期的には上記の分野の大学で、世界レベルの医療経済学が学べる環境をもっと充実させるべきかと思います。

次に、（2）の未来に受け取る便益を不当に低評価する計算方法について説明します。これは、私自身が米国の大学院で、長年標準的な医療経済評価を教える過程で気付きました。その契機は、医療分野の予算配分に対する疑問でした。ハイテク医療に比べ、予防医療教育は優先順位が低いために予算配分の額が低い状況は、全ての先進国で見られます。予算配分には、定量化が困難な「政治力」の影響がある程度存在することは致し方ありません。

しかし、**医療経済評価に方法論上の問題があり、その結果、ハイテク医療の経済効率（すなわち予算配分）が本来よりも高く評価されているのではないかと、**疑問を持ちました。

本章前半で、プランAに含まれるハイテク医療（例：薬）よりも、予防医療教育のほうが、地方経済の再生に望ましいという仮想例を示しました。プランBの看板事業である予防医療教育により多くの予算を配分するため、私は、標準的な医療経済評価の方法論を、理論的に再検討する必要があると思います。意外にも、標準的な方法論に妥当なマイナー・チェンジを行うだけで、予防医療教育の資源配分を増やすことが可能であることを以下で説明します。

日本や米国の公的医療保険制度は、保険の掛け金だけでは総支出をまかなえないため、財源の一部は、中央政府の一般会計（例：消費税、所得税）から財政的な支援を受けています。

一方、中央政府の一般会計も、税収入だけでは総支出をまかなえないため、財源の一部（日本なら約三二パーセント、米国なら約二三パーセント）を国債で支えています。

民間の投資家が購入した国債は、政府の借金です。民間投資家は、国債を購入しないで、例えば株に投資すれば折々に配当金を貰える可能性があります。従って政府は、株ではなく国債を買ってもらうために、購入した民間投資家にきっちり利子をつけて返済する必要があります。つまり、公的医療保険から医療サービスに支払われる財源の一部は、利子付きの国債でまかなわれています。

換言すれば、少なくとも理論上、政府が国債の利子を払うために、医療サービスに支出するお金は国債の利子率を上回る「リターン」を得る必要があります。ここで「リターン」という用語（英語ですが、日本語としても使われます）を用いた理由は、非営利部門では理論上、営利部門における「利潤」が存在しないためです。利潤と概念上同じものを、非営利分野では、「リターン」、「純便益」、「超過歳入」などと呼びます。

純便益を生む例は、ある医療サービスに一〇万円を年度初めに支出すると、同じ年度末までに一二万円の医療費が削減でき、純便益を二万円生むケースです。この例は、営利部門なら、一〇万円投資して二万円の利潤を得たので、利潤率ないし投資回収率（Return on investment＝ROI）は、二〇パーセント（＝二万円／一〇万円）になります。非営利部門でも同じ計算を費用便益分析で行い、ROIを便益費用比とも呼びます。

極端な仮想例ですが、公的プログラムの財源が一〇〇パーセント国債だとすると、公的プログラムのROIが、「国債の利子率」以上であれば、支出が容易に正当化できます。しかし、基準値である「国債の利子率」を一つの数字で代表することは、国債の内容が複雑なため通常行われていません。例えば、日本の国債の償還期間は二ヵ月から四〇年まである上、利払い方式も二種類あります。

ちなみに、**経済政策や景気動向を議論する際に用いられる代表的なものは一〇年国債（償還期間が一〇年）です。なぜなら、ある国の「一〇年国債の利子率」が、その国の「民間部門全体の利潤率の平均」とほぼ等しいためです。**[31]

なぜそうなるか。上記のように民間投資家の投資先は、一部がハイリスク・ハイリターン（例：投資先が倒産すればリターンがゼロ）の民間部門です。残りの投資先が、リスクを分散するため、国債になります。国債の利子率（リターン）が相対的に低くても投資先に選ばれる理由は、政府の破産する可能性が低いためです。

しかし、「民間部門全体の利潤率」が高い場合、国債の利子率が低過ぎれば、国債が売れ残るため、政府は利子率を引き上げる必要があるのです。その結果、調整機能が働き、利子率・利潤率の高低にかかわらず、「一〇年国債の利子率」が、「民間部門全体の利潤率の平均」とほぼ等しくなります。

先の仮想例に戻り、公的プログラム（例：教育、医療や社会福祉）の財源が一〇〇パーセント国債だとします。この場合、これらのプログラムのＲＯＩの目標値は、「一〇年国債の利子率」すなわち「民間部門全体の利潤率の平均」になります。実際に、米国連邦政府機関である「行政管理予算局（ＯＭＢ）」は、全ての公的プログラムのＲＯＩの目標値を、「民間部門全体の利潤率である七パーセント」にする旨を勧告しています[56]。

しかし、このＯＭＢの勧告である「ＲＯＩで七パーセント」は、果たして教育・医療・社会福祉の分野で可能でしょうか？　例えば、義務教育に年度初頭に一〇〇万円投資して、同じ年度末までに「一〇七万円の教育コストを削減すること」や「教育を受けた生徒たちが一〇七万円の収入源を見つけること」は、およそ現実的ではありません。義務教育だけでなく、医療（特に予防医療教育）、社会福祉に投資しても、その便益を社会が受け取るのは、一年以上先であることが多いのです。そのため、一年以内に利潤を出す必要がある営利部門は、これらの分野に、歴史的に参入しなかったとも言えます。

もちろんＯＭＢ勧告も、「毎年七パーセントのリターン」を目標にしろとは言っていません。例えば、二〇二〇年に一〇〇万円の費用を支出し、一〇年後の二〇三〇年に便益がＸ円得られるとします。この場合、一〇年後のＸ円の価値を、二〇二〇年の価値に換算したＹ円の便益が、費用である一〇〇万円より大きくなることを目標にする旨をＯＭＢは勧告しています。つまり、毎年でなくても、一〇年先であれ、最終的に得られる将来の便益が費用を上回ればよいのです。

ここまでの説明で、公的プログラムの経済評価で、将来得られる便益の価値を、現在の価値に換算する計算方法が重要であることが、ご理解頂けたでしょうか？　この計算方法は、経済学の用語で「割引率」を用います。新たな用語が多くて混乱するかも知れませんが、割引率は馴染みのある、貯金の利息率と同じ概念であることを以下で説明します。

「空前の低金利時代」と呼ばれる現在からは想像し難いのですが、一九七〇年代には利息率一〇パーセントを超える郵便局の定期貯金もありました。預金金利が七パーセントで一〇年間固定していたと仮定した場合、ある人が二〇二〇年から五一円を定期預金に一〇年間預金すると、何の労力もなく（投資先に頭を悩ませなくとも）、二〇三〇年には一〇〇円（＝五一×［一・〇七の一〇乗］：複利計算とも呼ばれる）と、ほぼ二倍になります。

つまり、この人にとっては、五一円が一〇年後、何もせずに一〇〇円になるのですから、「二〇二〇年時点での五一円」と「二〇三〇年時点での一〇〇円」は同じ価値なのです。

別の言い方をすれば、「二〇三〇年時点での一〇〇円」を二〇二〇年時点での価値に換算するためには、一〇〇円から五一円まで金額を「割り引く（過小評価する）」必要があります。この一〇〇円と五一円の比である〇・五一は、図表3―5―1の下から二行目・右端列の値が意味するものです。つまり貯金の利息率は、割引率と同じ概念です。図表中の「現在の価値の数値」を計算する一般式は、図表の脚注に含めました。

一般に、便益が得られる時期が遠いほど、また、割引率が高くなるほど、将来得られる便益の価値は低くなることが、図表3―5―1で示されています。多くのハイテク医療の便益は一年以内に得られるため、通常、割引率により過小評価の対象になりません。対照的に、予防医療教育の便益が一年以上先に得られる場合、割引率がゼロより大きい限り、

図表3-5-1　未来の金銭・健康価値を、現在の価値に換算する計算例　[2020年の価値に換算済み]

将来（2020年からの期間）	割引率 (-) 1%	割引率 0%	割引率 2%	割引率 3%	割引率 7%
2021年（1年）	1.01	1	0.98	0.97	0.93
2030年（10年）	1.11	1	0.82	0.74	0.51
2050年（30年）	1.35	1	0.55	0.41	0.13§

一般化した式で定義すると、「現在の価値（PV）」、「現在から（t）年後の将来の価値（F）」、「割引率（r）」の関係は、PV = F/［（1+r）のt乗］）で表せる。

§：解釈の一例。割引率を7%に仮定すると、30年後（2050年）に100円の医療費削減は、現在（2020年）に13円（=表中の値0.13x 100円）の医療費削減と価値は同じ。同様に、割引率を7%に仮定すると、30年後（2050年）に100人の命を救う事は、現在（2020年）に13人（ =表中の値0.13x 100人）の命を救う事と価値は同じ。

過小評価されます。

上述した「割引率の上限は七パーセント」というＯＭＢ勧告は、一九九二年以来（二〇一九年時点まで）改訂されていません。勧告の上限の根拠である、米国の一〇年国債の利子率（米国の民間部門の利潤率の近似値）は、一九七〇年と一九九〇年でそれぞれ七・八パーセントと八・二パーセントでしたので、一九九二年時点で七パーセントの割引率は正当化できます。

しかし、一九九二年以降米国の一〇年国債の利子率は、一貫して低下傾向にあり、コロナ危機前の二〇一九年一〇月で二・一パーセント、コロナ危機中の二〇二〇年五月二日時点で〇・

六一パーセントです。[57]日本の一〇年国債利子率に至っては、二〇一二年に一パーセントを、二〇一六年二月に〇パーセント（！）を切った後、低下傾向に歯止めがかからず、コロナ危機前の二〇一九年一〇月時点で、マイナス〇・一四パーセントです。

ＯＭＢ勧告の「上限の根拠」に従えば、公的プログラムの経済評価における割引率として、マイナス〇・一四パーセント以下を日本で、二パーセント以下を米国で用いるべきです。

しかし、大変残念なことに、医療経済学のガイドラインが勧める割引率は、日本で二パーセント、[58]米国で三パーセント（二次的に〇～七パーセントまで）のままです。[59～61]これらのガイドラインよりも、現実の国債利子率を反映した低い割引率、特に日本ではゼロないしマイナスの割引率を用いるべきだと、私は考えています。

「ゼロないしマイナスの割引率」を用いるということは、経済評価の方法論上のマイナー・チェンジだけでなく、文明史的な経済システムと価値観の転換までも意味しています。

経済学者の水野和夫氏によると、ある経済的覇権国の国債利子率が二パーセントより低下すると、経済的覇権が、新たな経済システムを創出した別の国に移行します。この経済的覇権の移行は、一三世紀以来、歴史的に繰り返されました[31]。コロナ危機以前でも、日本を含む主要先進国の一〇年国債利子率は、上述した米国を除き、二パーセント以下でした。国債利子率の低下に先鞭《せんべん》をつけたのも、世界の歴史上初めて、経済的覇権国としてマイナスの利子率が長期間持続したのも日本でした。従って、利子率低下の点からも、新たな経済システムの創出が日本で急務なのです。

「新たな経済システムの創出が日本で急務」と主張しながら、既存の日本再生論の多くは、プランAの焼き直しか、抽象論で終わっていることを、私は常々不満に思っていました。そこで、私の具体論である「非営利部門が予防医療教育を含むプランBを実施する」案が、国債利子率（すなわち民間営利部門のＲＯＩ）の歴史的低下からも正当化できることを以下で説明します。

まず留意すべきは、国債利子率は、社会全体の資金を最適に配分するための指標を二つの次元で示していることです。補足ですが、経済学において、「社会全体の資金を最適に配分すること」とは、社会全体（例：国家や都道府県）の経済厚生（住民の経済的な幸福度）を最大化することを意味します。

まず一つめの配分次元は、（a）「民間営利部門」または（b）「非営利部門」です。民間営利部門で一年以内に高いROIを期待できる事業がほとんど存在しない場合、近視眼的に慌てて一年以内に民間部門に投資額を増やす必要はありません。この場合、投資先の配分として、（a）が減り、国債を含む（b）が増えます。つまり、国債を通じて政府の歳入も増えるので、政府が、より多くの資金を医療・教育を含む非営利部門へ支出することが可能になります。民間営利部門に有力な投資先がないため、非営利部門への投資が促されるのです。

すなわち、国債利子率が低いほど、より多くの資金が（b）「非営利部門」に配分されることで、社会全体で見ると資金の最適配分に近づきます。

そして二つめの配分次元は、便益を得るタイミングが（c）「1年以内」または（d）

「1年以上先」です。OMB勧告では、国債利子率が割引率の上限であったことを思い出してください。図表3―5―1が示すように、国債利子率がマイナスになるに伴って割引率もマイナスになると、経済評価において、一年以上先の将来に得られる便益を割り引く必要がないばかりか、「割り増す」必要があります。つまり、割引率のマイナス傾向が続けば、時間が経てば経つほど、将来得られる便益が大きくなるのです。

従って、国債利子率が低いほど、より多くの資金を（d）遠い将来を含む、一年以上先に便益が得られる事業に配分することで、社会全体で見ると資金の最適配分に近づきます。

医療分野の資金配分においても、国債利子率が低いほど、「便益が通常一年以内に得られるハイテク医療」に比べ、「便益が一年以上先にも得られる予防医療教育」により多くの資金を配分することは、社会全体で見ると資金の最適配分に近づくゆえに、正当化できます。国債利子率がゼロないしマイナスの日本で、プランBが予防医療教育を重視する理論的根拠でもあります。

つまり、民間営利部門において、一年以内の短期間で利潤を生む投資先が激減した以上、政府部門を含む非営利部門、特に非営利部門内でも一年以上先に便益が得られる予防医療教育を含むプランBに、より多くの資金を配分（投資）することで、社会全体の経済厚生を最大化することが可能になります。

日本では、過去三〇年以上「民間営利部門を見習って、大学や医療機関も一年以内に高いＲＯＩを実現しろ」との主張が繰り返されています。この主張は、民間営利部門のＲＯＩの平均（日本の一〇年国債の利子率）が二パーセントを下回った一九九七年時点で、その理論的根拠をほぼ失いました。

日本の営利企業は、二〇一九年以降、もはやホームグラウンドである民間営利部門ですら平均として「マイナスのＲＯＩ」しか実現できないのです。二〇一八年度国税庁調査によると、日本国内企業のうち赤字企業の割合は六二・一％でした（「日本経済新聞」二〇二〇年五月二九日）。営利企業というシステムそのものが「期限切れ」になっているともいえます。アウェーである非営利部門（例：大学や医療機関）で「高いＲＯＩ」を強要する資格を、**日本の営利企業は完全に失っていることに、日本の全住民は早く気付かなければなり**

ません。第一章三節で詳解したように、日本の営利企業全体が国際競争力を大きく低下させた一方で、一部の企業が黒字を確保しているのは主にコストカットに因るものです。

ここまで、「ゼロないしマイナスの割引率」を用いるということは、新たな経済システムが含むべき特徴として、非営利部門の拡大、非営利部門における営利企業の役割の最小化、将来に価値を生む事業の拡大につながることを説明してきました。

ここからは、最後の特徴である「将来に高い価値」を置くということが、現在の私たちの価値観の変換をも促すということをお話ししたいと思います。

倫理的に疑問に思う読者もいるかと思いますが、米国で最も標準的な医療経済評価のガイドラインは、「健康に関する単位（例：救える人命数）」で測定する場合も、割引率の適応を勧告しています。[59・61] なぜなら、この勧告は、健康や寿命も「完全ではないにしろ、一部は金銭的価値に換算可能である」ことを前提にしているためです。その一例は、健康が回復した人の一部は労働時間が増えて、金銭収入が増加することです。

図表3―5―1が示す一例は、割引率が七パーセントなら、「二〇五〇年に一〇〇人の命を救うこと」は「二〇二〇年に一三人の命を救うこと」と同じ価値という社会です。これは、未来における一人の命の重さは、現在における一人の命の重さより「軽い」ということを意味します。

こうした比較に違和感を感じる読者も多いかも知れません。しかし、このような「ある意味奇妙な合理性」が、経済学とビジネスの世界ではこれまで当然とされてきました。

上記は、「割引率がプラス」の場合です。繰り返しますが、私は日本のマクロ経済の実態に即して「割引率ゼロあるいはマイナス」を医療経済評価に導入することを主張しています。

「割引率ゼロ」を受け入れることは、利潤率ゼロを前提とする「新しい定常経済」を受け入れることと同じ意味になります。この「新しい価値観」の下では、「二〇五〇年に一〇〇人の命を救うこと」は「二〇二〇年に一〇〇人の命を救うこと」と同じ価値です。この考え方を理解することはあまり困難ではないでしょう。

むしろ、上述した利潤率七パーセントを前提・理想とする社会における、「ある意味奇妙な合理性」から解放されることで、安心できる人も多いかと思います。

では、「マイナスの割引率」の場合はどうでしょうか。これを受け入れることは、さらに大きな価値観の変化を必要とします。すなわち、マイナスの経済成長を前提とする経済評価方法が受け入れられれば、将来の一人の命の価値は現在よりも重くなります。

例えば、**割引率がマイナス一パーセントなら、「二〇五〇年に一〇〇人の命を救うこと」は「二〇二〇年に一三五人の命を救うこと」と同じ価値になります。**人口減少が予想される日本にとって、長期的に「日本消滅」を回避するために、必要な価値観の変換の第一歩を示唆しているのではないでしょうか?

なお、紙数の制約で、本稿では割引率についての理論的な説明を単純化しました。詳細な説明は引用した文献58～61を参照して下さい。

最後に、一五七ページで示した（3）の「利益の相反」に抵触する不適切な個人・組織が評価を行うことについて、プランBの一例である予防医療教育を用いて説明します。

健康と経済に及ぼす効果の評価が必要になるのは、（1）新しい予防医療教育プログラムの内容を開発した後と、（2）小規模のパイロット・プログラムで効果が確認されたプログラムを大規模に実施した後です。

ある営利企業がプログラムXの実施から金銭的利益が得られるとします。この企業が、プログラムXの評価も担当し、効果がない、あるいは深刻な悪影響を認めた場合、誤った「望ましい効果だけ」を報告する可能性があります。このような「利益の相反」を禁止しなければ、プログラムXの悪影響を広めるために莫大な予算と医療資源を使うという最悪のシナリオが起こり得ます。

予防医療教育に限らず、プランBの全ての事業の評価を公正に行うことを制度上厳密に保証するために、プランBの実施・評価を「非」営利組織のみに限定することを、私は提言します。

さらに言えば、欧州諸国にならい、非営利組織に所属していても、過去に営利企業から何らかの利益を直接得ている研究者は、原則としてプランBへの関与を禁止すべきです。国際基準に則《のっと》る「利益の相反」のルールを、日本でもより厳格に適用することがプランBに必須です。営利企業は、プランAに特化すればよいのです。第2章で詳述した通り、プランBはプランAが失敗した場合の「保険」機能を持つ必要がある以上、プランAと別の原理で運営されるべきです。

私の知る限り、米国を含む先進諸国は、「利益の相反」に関するルールを毎年、より厳しくする傾向があります。**残念ながら、日本は「利益の相反」に関しても、他の先進諸国から比べると、「周回遅れ」です。**営利企業は開発したサービス・モノによって金銭的利益の最大化を目指す以上、営利企業が評価研究の公正性を上述の例のように歪める可能性があります。権威のある学術雑誌は、「利益の相反」に関する厳しいルールを掲げています。例えば、営利企業から一定額以上の資金援助・利益供与を受けた研究は、公正な研究が期待できないがゆえに、これらの学術雑誌からは門前払い（査読審査の対象にすらならない）の扱いを受けます。

近年は、世界的に営利企業による研究者への利益供与が非常に巧妙化しています。その結果、「利益の相反」に関するルールを毎年、より厳しくしても、公正性を保つことが困難になっています。

私の米国での経験をお話しします。医療分野では、連邦政府機関である国立衛生研究所（National Institute of Health＝ＮＩＨ）が最大かつ最も権威のあるスポンサーです。一件一億円以上という大規模な研究費を得ることが可能なだけでなく、ＮＩＨの研究費を得て開発・評価されてきた医薬品・医療サービスは、公正な評価を行っていると見なされます。そのため、このＮＩＨに提出された研究計画の審査委員に、営利企業が影響力を及ぼそうとするのは想像に難くありません。

ＮＩＨの審査委員は、二日間ホテルに缶詰めにされて、研究計画を学術的な面からランク付けします。私が驚いたのは、この二日間の最初と最後に、審査委員本人（とその家族にも）「利益の相反がない」ことを申告する書類を提出する義務があったことです。つまり、ホテルに缶詰めになっているわずか二日間の間に、営利企業が審査委員を対象に利益供与をする可能性を、NIHは危惧・予防していたということです。

ところで、私が気付いたこのような経済評価の方法論上の問題（不当に高い割引率や、お金の流れる先が非営利部門か営利部門かの峻別）について、米国のシニアレベルの医療経済学者たちと話し合う機会がありました。問題を指摘する私の論理に賛同してはくれたものの、残念ながら、彼らの反応は総じてあまり芳しくありませんでした。大御所の経済学者たちが確立した評価方法に異議を唱えれば、私の論文が学術雑誌に受理される確率が著しく下がり、研究者としてのキャリアの障害になります。それゆえ、これらの問題に私が時間を割くことを、やんわりと反対されました。

しかし、「上がらない、回らない、漏れる経済構造」に疲弊していく日本経済、とりわけ日本の地方経済の状況を米国から傍観するのは辛《つら》いものでした。私が指摘した問題とその対処法は、現時点で理論上のものです。この理論が現実の問題（例えば、地方のみならず日本経済全体の再生）にどれだけ役立てるかは、介入研究・社会実験を通じて実証する必要があります。私の理論に共鳴してくれる人々と、日本で介入研究・社会実験を行わねばならないという根拠のない責任感に押されて、私は二〇二〇年四月、米国から日本に本拠地を移すことにしたのです。

6　コロナ危機で露呈した「長年の宿題」に取り組めるのは地方自治体から？

私事で恐縮ですが、当初の滞在予定を大幅に延期して、二五年も米国で研究・教育活動に従事した最大の理由は、日本の政策形成過程が過去二五年間、ほとんど改善しなかったためです。換言すれば、日本の医療政策に貢献するために、私が米国で学んだ学術知識や政策形成に関与した経験は、「日本では価値がない」とされ続けているからです。これは、私個人のキャリア選択上の失敗だけで済めば、ここで言及するまでもない些末《さまつ》なことです。

しかしそうではなく、日本の全住民の生活・生命にすら甚大な影響を与える問題だと私は考えます。この問題は、日本の政策形成過程が長年先送りしてきた「宿題」とも言えるもので、二〇二〇年春からのコロナ危機で大々的に露呈しました。

この「宿題」の答えは、「政策形成過程を透明化する一環として、専門知識と科学的エビデンスを重視する」ことしかありません。**日本の現状の深刻な問題は、政策形成過程における（1）「透明化の軽視」と（2）「専門家の軽視」です。**これら二つの「軽視」について以下で説明します。

（1）の「透明化の軽視」では、政策評価に必要なデータの「収集」と「公開」がキーワードです。拙著『「改革」のための医療経済学』[62]でも、他の先進国にならい、日本においても個人を特定できる情報を除いた上で、政府がデータを積極的に「収集」し、政策評価の目的で大学など「非」営利組織のみに「公開」することを提言しました。残念ながら、日本政府（地方自治体を含む）のデータ公開は、私が渡米した一九九五年に比べれば改善しつつありますが、そのペースは遅過ぎます。

その結果、医療政策の形成過程における透明性の確保については、日本はもはや東南アジア諸国の後塵《こうじん》を拝する状態です。一例を挙げると、高額になりがちな新規の医療技術・治療法に対する保険給付対象の政策決定に、費用対効果分析を含む「医療技術評価（HTA）」の考慮を日本が開始したのは、二〇一九年です。HTAのガイドラインを政府が制定した年は、カナダ連邦政府（二〇〇六年）、タイ（二〇〇八年）、韓国（二〇一一年）です。(63)

HTAのみならず医療経済研究の全分野において、世界をリードしてきた米国の近年の地盤沈下にも、データの「収集」と「公開」が関与しています。米国の公的皆医療保険制度は、原則六五歳以上の人口のみを対象にしています。低所得者向けの生活保護の一環としての公的保険制度がありますが、六五歳未満人口の大多数は、民間医療保険に加入しています。民間医療保険機関は一般に、「企業秘密」を理由に、第三者である研究者向けにデータを「収集・公開」することに消極的です。米国の研究者に高い分析能力があっても、民間データにアクセスすることが難しく、政府がサポートする意思も弱いため、「研究大国アメリカ」の地盤沈下はこれからも続くでしょう。

一方で、米国と異なり、全年齢を対象にする公的皆保険制度を持つ他の先進国は、一九九〇年代以降、続々と医療政策評価に用いるデータベースを構築し、「非」営利組織に所属する研究者に限定して公開しています。私は日本の医療経済・政策研究者と話す機会が多いのですが、日本の医療政策研究の水準が、韓国・台湾に少なくとも一〇年遅れ、その他の先進諸国に二〇年以上遅れていることに、異論を持つ日本の研究者に会ったことがありません。

この原稿を書いている二〇二一年二月現在、コロナ危機の対応に成功した国として、中国、韓国、台湾の政府が国際的に高い評価を受けています。とりわけ、韓国と台湾の政府は、政府が「収集」した感染データを個人のプライバシーに配慮した形でただちに「公開」し、その結果、住民から信頼を得ることに成功しました。この信頼関係がなければ、政府からの要請に、住民が協力することは困難だったでしょう。

(2)の「専門家の軽視」は、上記の政策評価に必要な、データの「収集と公開」についての議論の延長です。明治時代以来、日本では一〜二年ごとにポジションと専門を変えた経歴を持つゼネラリストの行政官が「高級官僚」と呼ばれます。高級官僚は、本来は国会議員の仕事である政策立案と、官僚本来の仕事である政策の実施に、「全ての分野において国内で最も優れた専門家」として従事しています。従って、官僚以外で政策形成に関与する専門家は、日本では需要がありません。需要がない以上、日本の大学・シンクタンクでは政策研究者を育てることも不要・不可能になります。日本の大学教授を専門家として招いた「専門家会議」での議論は、一部の政治家と官僚が決めた結論を追認するだけの、単なる儀式になっていることが少なくありません。

日本と異なり、米国を含む他の先進諸国では、博士課程を修了後、特定の分野で長い研究歴を持つ専門家が、政策実施前の政策提言や、政策実施後の政策評価を行っています。もちろん、専門家の意見が常に優先されるべきと主張するほど、私は世間知らずの青二才ではありません。しかし、自分の米国での経験を基に、**少なくとも専門家の意見が、議論の出発点になるべき**であると、考えているのです。

私自身が、米国の政策形成に関与した経験をやや詳細に紹介します。その理由は、これらの経験を通じて「専門家の科学的知識・エビデンスは、社会が誤った方向に進んだ時のブレーキになる」ことを実感したからです。この「米国のブレーキ」こそ、米国から日本に「喫緊に輸入すべき制度」です。

具体的には、カリフォルニア州の医療保険の規制法案に関連する科学的資料・報告書（学術水準的には査読付き論文に匹敵する）を作成し、カリフォルニア州議会（上院と下院で構成される二院制）に提出する委員会に、私は医療経済学の専門家として二〇一二年から二〇一七年まで参加しました。カリフォルニア州は人口が約四〇〇〇万人でカナダより多く、カリフォルニア州のGDPは英・仏のそれを上回るほどです。

この委員会は、カリフォルニア州議会からの要請を受けて、カリフォルニア大学（UC）のOffice of the President（UC Davis, UC Los Angeles, UC Berkeley など一〇のキャンパスを統合する機関）が、UCの教員を選抜して組織されます。組織名はCalifornia Health Benefits Review Program（略称CHBRP）と言います。

これらの科学的資料を含む報告書は、州議会議員が提出した法案に対して、六〇日間

（法案提出後、議会での採決までの期間）かけ、約七名の委員で構成されるチームによって作成されます。作成後はただちに州議会のウェブサイト上に公開され、全ての政党の州議会議員のみならず、あらゆる利害関係者（医療保険団体、製薬会社、患者団体など）が閲覧し、議会採決前の公聴会では、ＣＨＢＲＰが作成した報告書を基に議論を行います。この結果、エビデンスを解釈する価値観の対立を明白にできます。例えば、「Ｘ億円で、Ｙ人が高額な抗がん剤を服用できる」場合、同じＸ億円を、ある政治家は「高い」、別の政治家は「低い」と主張します。**明白な「正解」がなくても、同じ数値を基に議論することは重要です。なぜなら、基になるエビデンスを共有していれば、議論が収束しやすいという利点があるからです。**

ＣＨＢＲＰの報告書は、三章で構成されます。臨床医学の専門家委員が第一章（法案対象の医薬品・医療機器の臨床的効果の審査）を担当します。第二章は、私も務めた医療経済学の専門家委員が担当します。この章では、カリフォルニア州内の全ての医療保険が、法案対象の医薬品・医療機器の保険給付を義務付けられた場合の、カリフォルニア州全体の医療費の増大、並びに医療保険加入者が支払う毎月の保険料の増大金額を推定します。公衆衛生学の専門家委員が第三章を担当し、法案が法律化された後、カリフォルニア州全体の健康状態の変化（例：死亡患者数の減少）を推定します。

私がUCデービス校に異動した直後の二〇一一〜一二年度は、小児予防接種の経済分析の専門家として委員会に参加し、小児予防接種に関する法案（議会法案第二〇六四号：小児予防接種）の影響についての報告書の作成に参加しました。CHBRPによる医療経済学者としての資格審査をパスし、私は常任委員を六年間務めました。この期間に、医療経済学の専門家として、上述した報告書の第二章（法案の経済学的影響）の筆頭著者として報告書を作成し、カリフォルニア州議会に提出しました。(64)

CHBRPとは別に、私の研究が全米の医療保険政策に直接的な影響を与えた別の例を紹介します。米国内でインフルエンザ予防接種を行う医師に対する診療報酬の金額を低く設定すると、予防接種率が低下することを計量的に示した最初の研究を行いました。この研究は、米国政府が収集し、無料で公開するビッグデータ（サンプル数の合計が約一〇〇〇万人）を分析しました。この研究論文は、米国小児科学会の学会誌で、小児科では最も権威のある「Pediatrics」に掲載されました[65]。

掲載後、全米地上波四大テレビ・ネットワークのうち三つ（ABC、NBC、FOX）、全米最大の発行部数を持つ新聞である「USAトゥディ」、ロイター通信（ロイター通信からはインタビューも受ける）など、多くのメディアにも取り上げられました。その結果、民間医療保険機関で構成される全米最大の医療保険者団体が、私の研究を根拠に、インフルエンザ予防接種を行う全米の医師に対する診療報酬の金額を、少なくとも二〇ドル以上に引き上げました。この二〇ドルの根拠は、私が「Pediatrics」に掲載した別の論文です[66]。それ以前は、一部の保険組織の支払い額はわずか二ドルでした。

米国では、このように医療経済学者の研究が、全米や州のレベルで医療保険政策に貢献することが可能です。**日本では、データにアクセスするだけで消耗する研究者が少なくあ**

りません。そもそも政府が収集するデータの質が、国際水準に比べ低い傾向があります。

二〇二〇年のコロナ危機の際、日本政府は本稿執筆時の二〇二一年二月現在も、国際社会が必要とする最低限の疫学データすら公表を拒み続けています。日本政府が組織した専門家会議も、分析結果を発表するだけで、分析に用いたデータ（例：詳細なＰＣＲ検査結果）・方法論の公表を拒否し続けています。

日本とは対照的に、米国疾病予防管理センター（Centers for Disease Control and Prevention＝ＣＤＣ）は二〇二〇年五月の時点で「COVID-19 Surge」ソフトを「無料一般公開」していました。このソフトを用いれば、各地方自治体が、地元の人口構成などの情報を入力すると、地元で必要なＩＣＵのベッド数・人工呼吸器の数などの予想値が容易に得られます。これらの予想値は、自治体ごとの対策を立案するのに非常に役立ちます。

一方の日本政府は、こうしたツールを提供することもなく、過去から一貫した「データを極力公開しない」政策を、コロナ危機の際にも堅持しています。もちろん、このような日本の政策は国際社会から厳しい批判を受け続けています。パンデミック下では、全世界がデータを公開・共有すべきですが、日本の政府は、このグローバル・スタンダードには相変わらず背を向けています。

再度日米の比較を、政府のホームページに掲載されているパンデミックの影響を予想する数理疫学モデルの数で行います。日本は政府が指定した専門家会議からの「唯一の数理疫学モデルとその予想」を掲載。米国政府は二〇二〇年五月の時点で、世界中の様々な研究者グループから選んだ「一六もの数理モデルに基づく予想と、これら一六の予想をまとめたもの」を掲載しています。

米国政府が持つ詳細なデータは一般公開されているため、米国のみならず世界中の優秀な研究者グループが公開データを用いて分析できます。パンデミックのような未知の危機に対して、米国は「世界の集合知が教える複数のシナリオのうち最悪のシナリオに備える」立場を取ります。これに対し、日本は「政府が選んだごく少数のエリートだけが唯一の正解を出せる」との立場です。この日米の立場の差は、パンデミック対策における「日本と国際社会全体の差（ギャップ）」にもなって顕在化しています。従って、このギャップを埋めない限り、パンデミック対策における日本の国際的孤立状態は続きます。

コロナ危機の五〇年以上前から、日本が「宿題」を先送りしてきた大きな「つけ」を、いま、日本全体が払う羽目になっているのです。


二〇〇九年のパンデミックH1N1インフルエンザの際に、私は、米国のCDCがリアルタイムに公開するデータを分析した研究を行いました。私の研究は、パンデミック被害と様々な公共政策（例：ワクチン）の効果を予想する数学シミュレーションです。

この研究は、経済学理論に基づく個人行動変容を、パンデミック・インフルエンザの数学シミュレーションモデルに取り入れた最初の研究です。ただちに研究結果を共有するために、「National Bureau of Economic Research（NBER）Working Paper」（経済学分野は、学術誌の査読に通常一年以上かかるため、NBERが選んだ研究実績のある研究者だけが査読前の論文をワーキングペーパーとして出版・公表するので学術誌に相当する）として公開しました。(67)

「NBER Working Paper」は、経済学の分野で最も権威のあるワーキングペーパーシリーズです。米国のノーベル経済学賞受賞者は六〇名以上いますが、その中の三八名が、大統領経済顧問会議の元議長のうち一三名が、ＮＢＥＲで研究を行っています。

上記のような、私の米国における研究経験・政策形成に貢献した経験が、日本で生かせる日が早く来ればよいと祈っています。しかし、日本が、政策形成過程を透明化する一環として、専門知識と科学的エビデンスを重視するという「宿題」を先送りし続ける限り、私の日本での出番はどうやらなさそうです。

もっとも、コロナ危機下で、一部の地方自治体の首長が独自にこの「宿題」に取り組んだニュースに、私は大いに勇気づけられました。日本再生を主導するのは、中央政府よりも、同時多発的に立ち上がる地方自治体政府ではないかと期待しています。

第4章　日本再生のためのビッグ・ピクチャー

まず、英国の哲学者であり社会批評家である、バートランド・ラッセル氏（一九五〇年にノーベル文学賞受賞）が用いて有名になった寓話《ぐうわ》からお話ししましょう。

二羽のニワトリXとYが会話をしています。ニワトリXは、「近いうちに私は、首を絞められて人間の食料にされる」と言って嘆いています。この嘆きを聞いて、ニワトリYは、「心配しなくていい。昨日も今日も、親切な農夫は私たちのためにずっと餌と水をくれてきた。だから、明日以降も、同じように私たちは餌と水にありつける」と言って、ニワトリXの心配を打ち消そうとします。翌日、ニワトリXとYは、首を絞められて人間の食料にされました。

私たちは、ニワトリYを笑えるでしょうか？　人間も、油断をすれば、ただちにこのニワトリY並みの思考回路に陥ります。このような思考回路は「正常性バイアス」とも呼ばれ、自分にとって不都合な状態や馴染みのない事象を過小評価する傾向は、人にもしばしば見られます。しかし、そうした思考回路に留まっている間に、地方や日本は再生し得ないほどの打撃を受けることでしょう。

これまで、プランAの高いリスク（第1章）と、プランBの具体的な産業部門・職種（第2章）について、現実をマクロデータで示してきました。また、プランBの実施が、非営利部門の拡大につながり、より多くのカネ・ヒトが地方で循環することを第3章で説明しました。地方再生の目的に合わせて既存の経済評価に、方法論上のマイナー・チェンジを加える提案も、第3章で行いました。

しかし、このようなマイナーな改革だけでは、地方（ないしは日本）消滅までの「時間稼ぎ」をするのが精一杯でしょう。

ですから、本章では、大胆な「ビッグ・ピクチャー」である私見を述べます。ビッグ・

ピクチャーとは、これまでの章で述べてきたプランBを実現するために、整備すべき包括的な環境（土台）を意味します。

具体的な三つのビッグ・ピクチャーは、

（1）新しいタイプの予防医療教育の提供を通じて、大規模な雇用を創出する（1・2節）

（2）地方移住を促進し、食料や個人のスキルを「第二の通貨」とする「物々交換市場」を用いて、「所得倍増」を実現する（3・4節）

（3）北東アジア経済共同体（NEAEC）への準備をただちに始める（5節）

というものです。

馴染みのないこれらの提言に対し、拒否感を持たれる方がいるかも知れません。本書をここで閉じてしまう前に、もう少しお付き合い頂ければ幸いです。

もし、これらのビッグ・ピクチャーが実現すれば、プランBによって、日本の全住民の生活水準を引き上げることが可能になります。これは、いまや先進国から脱落した「日本の多くの地方経済」、ひいては「日本全体の経済」を先進国レベルにまで回復させることにつながります。

1　プランBの一例の潜在的経済規模は米国で一〇〇兆円、日本で一四兆円

第2章では、医療・福祉産業の中でも、**プランBに含まれる予防医療教育**（産業分類としては「保健衛生」部門、内容の例は栄養食事指導や禁煙支援）**は、とりわけ大きな景気刺激効果と雇用創出効果があること**を紹介しました。

しかしながら、このように高いマクロ経済的パフォーマンスを持つにもかかわらず、予防医療教育は軽視されてきました。

第2章で言及したように、人文社会科学の知見を活用すれば、予防医療教育は米国で一〇〇兆円、日本で一四兆円規模の新たな産業・雇用を生むことができます。本節では、この新しい産業が、米国で過去一〇年の間に、連邦政府の政策が起爆剤になって急速に拡大していることを紹介します。日本のプランBに含む予防医療教育を具体化する際に、多く

の示唆を与えてくれるので、この米国の先例について以下で詳細に説明します。

その背景を説明するため、まず、新しい産業を生む「先端医療」には二種類あること、次いで、予防医療のコスト削減効果についての新しい研究と、このタイプの研究を解釈する際の注意点を説明します。


まず、二種類ある「先端医療」から説明します。

一種類目は、自然科学研究を基に、新しい薬や医療機器を開発する先端医療であり、プランAとして第1章で紹介した例も含まれます。この種類の先端医療の一例として、ある新薬Xが既存の薬よりも効果が高ければ、私の知る限り、必ず既存の薬より高い価格が設定されます。ですから、新薬Xは健康状態を改善する一方で、医療費を増大させます。さらに言えば、増大した医療費の多くは特定の製薬企業の利益になります。

二種類目の先端医療は、自然科学だけでなく人文社会科学の研究を基にしたものです。人文社会科学の役割が大きいことが、一種類目の先端医療と異なる特徴であり、私が提言するプランBに含めるべき理由でもあります。
一例として、生活習慣病の予防があります。生活習慣病の予防も、健康状態を改善する効果がある限り、新薬の例と同じく、医療費が増大しても積極的にこの予防医療を推進してよいはずです。予防医療を提供する数多くの医療サービス提供者に医療費を支払えば、特定の企業（と株主）のみに富が集中することを防げます。従って、一種類目の先端医療よりも、富の再分配の視点からも望ましいことは第3章で詳解した通りです。

残念ながら新薬の例とは異なり、「生活習慣病の予防」に対しては、「医療費削減が期待できないなら予防医療に医療費を使うべきではない」という議論が、これまで日本を含む多くの先進国で支配的でした。[68]
しかし、予防医療のコスト削減効果についての新しい研究が近年続々と発表され、後述する米国の政策形成に大きな影響を与えています。
拙著『「改革」のための医療経済学』では、予防の経済的効果について二〇〇五年までの文献をまとめました。[62] 残念ながら、日本では未だに同書で紹介した文献の一部が、適切なアップデートをされないまま使い回されています。例えば、二〇〇三年にハーバード大学経済学部教授のカトラー氏は、ルビッツ氏らの研究を基に、「予防は寿命を延ばすので、その結果、公的年金の支出が増えて、政府支出の視点から赤字を増やすのではないか？」とコメントしました。[69] しかし、この議論を未だに持ち出すのは二つの理由で不適切です。

一つめの理由は、そもそも上記の議論は、国際的な学術界では「周回遅れの議論」だからです。米国連邦議会付属の研究機関である議会予算局（Congressional Budget Office ＝CBO）に所属する研究グループが、厳密なシミュレーションを含む実証研究を二〇一二年に発表しています。[70] タバコの税金を上げることは、医療ではありませんが、喫煙予防の効果があるため、「広義の予防」です。この研究によれば、タバコの税金を上げる法案は、税金収入が増加するため、政府の視点から「医療費や年金の公的支出を考慮しても、最終的に政府財政の黒字を増やす」効果があると報告しています。

上記のカトラー氏のコメントとは逆の結論ですが、このCBOの研究は私が知る限り、このテーマでは最も信頼できるエビデンスです。

なおＣＢＯの主たる目的は、米国連邦議会の法案の経済効果を検証するレポートを作成することです。近年、医療関連法案が増えたことで、多くの医療経済学者がＣＢＯに常勤しており、学術的にも質の高い政策評価レポートを作成しています。

私が、ワシントンＤＣのＣＢＯオフィスで、肥満予防医療の経済評価についての自身の研究を講演した際には、さすがに緊張しました。日本の医療経済学者も、「最先端の政策研究に従事するＣＢＯの医療経済学者たちを前に講演できるくらい、自分の知識はアップデートされているか」と自問しながら、発言するべきでしょう。

二つめの理由は、より根源的な理由です。それは、「米国の将来を予想する」研究結果が、「日本の将来予想」にも当てはまるかが疑問だということです。第1章で詳述したように、過去二五年間、日本はあらゆる経済指標で、「墜落」傾向が止まりません。一方米国は、これらの指標において、過去「八〇年以上」常に先進国中最高に近いパフォーマンスを示しています。これから三〇年後・五〇年後の将来も、日本が米国と同程度に豊かだと想定できるでしょうか？

この質問への回答が「NO」であるなら、上記のカトラーのコメントも、CBOの研究結果も、安易に日本に当てはめるべきではありません。

なぜなら、これらの議論は、三〇年後・五〇年後の、「将来の」米国の一人当たりGDPと医療費の水準が、インフレ調整後、「現在」とほぼ同じだと仮定しているからです。日本の一人当たりGDP水準が米国と同程度であったのは、二〇〇〇年頃までのせいぜい二〇年間だけです。日本の「墜落」が始まって既に二五年も経っていることを思い出してください。米国の将来を予想する研究結果を、安易に日本の将来予想に流用することには躊躇《ちゆうちよ》せざるを得ません。

従って、日本における「予防が将来の医療費・年金支出に与える効果」の計算も、日本のマクロ経済の実態に即した研究に基づいて行うべきです。

このような研究の方法論上の注意点は、第3章で詳解しました。将来の金銭価値、健康指標の計算に大きな影響を与えるのが、「割引率」でした。経済理論を基に、米国連邦政府は、この割引率を（近似値としての）一〇年国債の利子率以下にすべきであると勧告しました。[56]

この勧告に忠実に従えば、割引率は日本のみがマイナスですから、「予防が将来の医療費・年金支出に与える効果」も、日本は他国とは劇的に異なり得ます。日本の政策立案は、当然日本特有のかなり特異な状況を考慮した研究に基づくべきです。

日本では未だ広く知られていないようですが、米国ではこの一〇年、とりわけ二〇一八年から予防医療教育が一大ブームかつ巨大ビジネスになっています。この大ブームは、連邦政府の二つの政策に後押しされています。これらの米国の政策は、日本と異なり、厳密かつ膨大な予防医療についての経済評価研究を根拠にしています。質の高い評価研究に基づいているため、これらの予防医療への資金配分は、いわゆる選挙目的のバラマキとは異なります。

米国の予防医療教育ブームの最初の起爆剤になったのが、二〇一〇年にオバマ元大統領が署名した、医療保険を含む大規模な医療制度改革法である「オバマケア」（正式な名称は

Patient Protection and Affordable Care Act）です。「オバマケア」の目玉の一つは、予防医療への資源配分を従来より手厚くすることでした。

特筆すべき具体的政策は、雇用者が被雇用者の予防医療教育プログラムの費用を負担すると、年間日本円で約二〇万（ないし医療保険の掛け金の三〇パーセント）まで非課税になる税制上の優遇策でした(71)。

この非課税額である二〇万円は、政府歳入の減収を意味しますが、その一方で、予防医療教育が、平均して一人当たり二〇万円の広義の経済効果があることも示唆しています。プランBが重視する雇用創出の視点から言えば、この政策は朗報です。なぜなら、ある企業で従業員三〇人が予防医療教育プログラムに参加すると、このプログラムを担当する「先生」一人を年収六〇〇万円で新たに雇用できるからです。

もちろん、非課税ですから、企業の利潤は減りません。むしろ、この予防医療教育プログラムを通じて、従業員の健康状態が改善すれば病欠が減り、その結果、企業の利潤は高くなります。

このような社会全体で広義の経済効果が二〇万円生まれる場合、米国連邦政府が二〇万円を非課税にしても、政府の一時的な歳入減は正当化できます。

米国の予防医療教育ブームの二つめの起爆剤になったのが、米国最大の公的医療保険制度であるメディケア（加入者は約六〇〇〇万人）が二〇一八年から始めた政策です。この政策の下で、糖尿病予防教育プログラム（Diabetes Prevention Program＝DPP）が、保険の給付対象になりました。

このDPPへの給付が画期的であった理由は、わずか一二時間の研修を受けるだけで、DPPの「コーチ」と呼ばれる先生役の資格が得られることです。この資格を持てば、医師と同様に医療サービスの提供者として、メディケアから診療報酬を受け取れます[72]。医師が、糖尿病と診断されていない患者の中で、糖尿病になる可能性の高いハイリスクの患者さんを、このコーチに紹介するシステムです。たった一二時間の研修で資格取得を可能にした主たる理由は、詳細なマニュアルに沿って教育するため、「コーチ」には高度な専門知識がなくても務まるからです。

私は、わずか一二時間の研修で、このDPPの「コーチ」の資格を得られることを、プランBを推進する二つの理由から高く評価しています。

一つめの理由は、短期間の職業訓練で、多くの雇用を提供できることです。この雇用の原資として最も直接的なものは、生活習慣の改善による医療費の削減です。この原資の潜在的規模は巨大です。四つの健康行動（喫煙、飲酒、運動、食習慣）の改善で予防可能な疾患の治療費が、米国でも日本でも総医療費の約三分の一も占めるからです[73・74]。二〇一七年度の日本の公的医療保険が支払った総医療費は約四三兆円ですので、この比率を適用すれば、約一四兆円にもなります。

米国の場合、保険外の自己負担額や低所得者向けの公的医療扶助なども含めると、年間約三〇〇兆円の医療費を使っています。その三分の一なら約一〇〇兆円にもなります。この額は日本政府の一般会計の総支出額に匹敵（例：二〇二〇年度の当初予算案は、一〇二兆六五八〇億円。「朝日新聞」二〇一九年一二月二〇日）します。

私がＤＰＰの「コーチ」を高く評価している二つめの理由は、医療に参加できるハードルが低いがゆえに、人文社会科学や芸術を含む広範囲の分野との共同事業が可能だからです。予防医療教育の分野は、既に人文社会科学との学際的研究が数多く行われてきました(75・76)。近年では、行動経済学の医療分野への応用が注目されています。しかし、この分野の代表的な研究者による文献のレビューによると、行動経済学を応用しても、かなり限定的な予防効果しか認められていません(68・77)。

視点を変えれば、今後日本で行う医療と人文社会科学・芸術との共同研究に基づく予防医療教育が、予防効果を大幅に改善する余地は多く残されています。効果の高い予防医療教育に対しては、国際的にも大きな需要があります。

2　プランＢが含む「新しい予防医療」分野での大規模な雇用創造

さて、ここからいよいよ一つめのビッグ・ピクチャーの具体的な中身について説明します。

日米ともに、今後最大の雇用産業になる「医療・福祉」部門の職種は、人文社会科学・芸術のバックグラウンドを持つ人々に、今後さらに開かれるべきです。

この職種の具体例が、前節で米国の先例として紹介した「新しい予防医療教育のコーチ」です。この「新しい予防医療」を用いて、大規模な雇用を「非」営利部門で創出するのが、一つめのビッグ・ピクチャーです。この雇用の核となる職種である「コーチ」の、医療職の中での位置付けと仕事内容について詳説します。

まず、前提知識として、世界保健機関（World Health Organization＝WHO）と米国疾病管理予防センター（CDC）が定義する、予防医療の三分類について紹介します。WHOとCDCの定義は、概念としては同じですが、定義する文言は少し異なります。読者に理解しやすいと考えたほうの定義を紹介します。

次いで、このWHOとCDCの三分類とは部分的に異なる、私独自の予防医療の三分類の定義も説明します。私独自の分類は、新しい医療提供者のモデルになる「予防医療教育のコーチ」の役割を明確にするために役立ちます。

WHOの予防についての厳密な定義[78]は非常に長いので、以下では簡略化します。

WHOの「一次予防」の定義は、病気の顕現を避ける、ないしは病気の確率を減少させる行為です。例としては、予防接種、生活習慣の改善、大気汚染の規制、健康の決定因子である社会経済的要因（例：雇用確保や賃金水準）の改善などがあります。

WHOの「二次予防」の定義は、病気の早期発見です。この代表例は、がんのスクリーニング検査です。

CDCの「三次予防」の定義は、病気の診断後に病気の進行を遅らせる、ないしは止める行為です。[79]例としては、抗がん剤治療、リハビリテーションなどがあります。

WHOとCDCの三分類は、「病気の進行を時間軸で区切った上で、医療サービスを提供するタイミング」の分類法とも言えます。すなわち、WHOとCDCの定義する一次、

図表4-2-1　筆者の提案する「医療の3分類」における予防医療教育の役割

	医療サービス提供のタイミング	医療サービス提供者（場所・所属）	例
川上	病気になる前、または病気の診断前	予防医療教育のスタッフ（医療機関ないし地方自治体に所属）	予防接種を受ける動機を与えて、医療機関を受診させる
川中	特定のタイミングはない	医師・看護師・理学療法士等（医療機関）	医療機関に来た患者に予防接種を提供
川下	病気の診断後	予防医療教育のスタッフ（医療機関ないし地方自治体に所属）	糖尿病診断後の、食事療法と運動療法への継続した動機付け

二次、三次予防はそれぞれ、病気になる前、病気になった後だが診断される前、病気が診断された後を対象にしています。それに対し、私の独自の分類法は、「医療サービス提供のタイミング」だけでなく、「医療サービスの提供者の種類」も基準にして、三つに分類します（図表4―2―1）。

この分類法の「川中」は、従来の診療所・病院で、医師・看護師・理学療法士などが提供する医療です。「川中」の医療は、従来通り自然科学を重視します。

その一方で、「川上」と「川下」の二分類は、いずれも新しいタイプの「予防医療教育のスタッフ」が医療を提供します。「川上」と「川下」の医療は、自然科学だけでなく、人文社会科学、さらには芸術の知見を利用する必要があります。

「川上」と「川下」の違いは、病気の進行を時間軸で区切った違いです。「川上」と「川下」は、それぞれ「病気になる前、または病気の診断がされる前」と、「病気の診断がされた後」を対象にしています。

「一次予防」の典型例である予防接種は、私の分類では、「川上」医療と「川中」医療の二つに含まれます。具体的には、インフルエンザに罹《かか》っていない人に、「インフルエンザの予防接種を受ける動機を与えて、医療機関を受診させる」という最初の過程を担当するのが、「川上」医療です。医療機関を受診した患者さんに、予防接種を提供するのが「川中」医療となります。患者さんの医療機関における窓口での金銭的負担をゼロにしても、「インフルエンザの予防接種を受ける動機を与えて、医療機関を受診させる」のは容易ではありません。

インフルエンザに限らず、多くの予防接種が、患者さんの不信感などの様々な理由で敬遠されています。私自身が、この「予防接種を受ける動機付け」を探求する一連の学術研究を行いました。これらの研究は、ビッグデータの実証的分析だけでなく、米国をフィールドにした多くの介入研究を含みます。[80〜87] **これらの研究経験を積めば積むほど、人文社会科学の重要性を強く認識するようになりました。**

同様に、「二次予防」の例であるがんや感染症のスクリーニング検査を、「検査結果で、がんや感染症が見つかると職場で経済的不利益を受ける」という理由で拒否する患者さんに、どのように対応すべきでしょうか？　自然科学の研究結果を紹介するだけでは、患者さんの不信感を軽減することも、動機付けを与えることも容易ではありません。

糖尿病と診断された患者さんが受ける食事療法と運動療法は、「三次予防」の一例です。この例は、私の分類では、「川中」医療と「川下」医療の二つに含まれます。自然科学に基づく理想的な食事療法と運動療法についての知識を診療所で医師が提供するのが、「川中」医療です。

一方、「診療所から自宅に帰るまでに、大福餅を五つ食べたくなる衝動を我慢する」という動機を与えるのが、「川下」医療です。診断や自覚症状がある患者さんでも、食事療法と運動療法を、指導された通りに続けることは容易ではありません。**患者さんの「分かっちゃいるけど、止《や》められない」生活習慣を改善するためには、人文社会科学・芸術の知見と助けが「川下」医療に必須**だと私は考えます。

もっとも、予防医療教育が担当する「川上・川下」の医療は、従来の「川中」の医療とも緊密な連携が必要です。現実的な問題として、予防医療教育のスタッフを小規模病院や診療所が雇用することは、事務的な負担が大きい。それゆえ、予防医療教育のスタッフの雇用者は、地理的に隣接している医療機関が協力して設立する非営利組織、ないし地方自治体が望ましい。

日本の「川中」医療、すなわち病院・診療所には、原則として営利企業が参入できないという規制が続いています。「川中」だけでなく、新たな「川上・川下」の予防医療教育も、営利企業が参入できないように規制すべきとの私の提言の根拠は、第3章で詳述した

図表4-2-2　筆者の提案する「新しい予防医療教育」と「従来の予防医療教育」の違い

	新しい予防医療教育	従来の予防医療教育
提供者	白衣を着ないコーチも含む	白衣を着た医師、看護師、栄養士、保健師等のみ
提供者に必要な研修	1）コーチは12時間のみ 2）コーチ管理者には長期間（半年から1年程度）	公的な資格ごとに必要な研修・教育
教育内容	標準化された内容に、コーチがオリジナルな内容を追加可能（例：演劇指導）	標準化された内容のみ
提供者を評価する単位	複数のコーチを含む1グループ	提供者1個人

通りです。

私の提案する新しい予防医療教育をさらに詳細に説明するため、従来の予防医療教育との違いを図表4―2―2にまとめました。先述した米国のDPPプログラムにならい、資格のハードルを低くし、一二時間の研修だけで「コーチ」になれるようにします。

従来の医療提供者は「白衣」を着ていますが、私が提案するコーチは、むしろ「白衣を着ない」ことに積極的な意味を見出《みいだ》しています。衛生的な目的で着用する白衣は、患者さんに心理的な負担を与えるからです。

一例は、「白衣効果」です。自宅で白衣を着ない家族が血圧測定する場合に比べ、医療機関で白衣を着た医師・看護師が血圧を測定するほうが、血圧が高くなるという効果です。その理由は、測定される患者さんの心理的な負担が医療機関では高くなるからです。

興味深いことに、上記の米国のＤＰＰマニュアルも、オリジナルな教育内容を追加することを奨励しています。日本でプランＢとして行う予防医療教育プログラムも、最低限教えるべき内容を決めた後は、オリジナルな教育内容を追加することを奨励すべきです。

なぜなら、**多様なバックグラウンドを持つ人材が、オリジナルな教育内容を開発できることを魅力に感じて、コーチに応募してくることが期待できる**からです。

投薬治療は、効果の標準化が比較的容易です。一方、予防医療教育プログラムの内容をいくら標準化しても、「個人としてのコーチ」とプログラム参加者の「相性」が、プログラムの効果に大きな影響を与えると考えられます。「相性」が良くないコーチが担当するプログラムには、参加しなくてもかまいません。多様なバックグラウンドを持つコーチが数多くいる、つまりコーチの選択肢が多いほど、「相性」の良いコーチを見つけられる可能性も高くなります。換言すれば、「一人のカリスマ・コーチ」よりも「一〇人の多様なコーチ」が必要なのです。

コーチに求められる多様なバックグラウンドには、少なくとも三つのタイプがあります。

一つめのタイプのコーチは、人文社会科学や芸術の分野で、大学の学部レベル以上の知識がある人です。大学で学んだ理論をどのように使えば、教育プログラムに参加した患者さんの行動を改善することに役立つかを考察・実践できる人材です。

二つめのタイプのコーチは、患者さん（当事者）自身です。「大福餅を五つ食べたくなる衝動を我慢する」ことの困難さは、糖尿病患者さんのほうが、糖尿病を持たない医療サービス提供者よりも、切実に実感しているでしょう。患者さんとしての経験を教育プログラムに反映できれば、他の患者さんに望ましい行動変化が起こる可能性があります。

三つめのタイプのコーチは、「社会に貢献している実感が持てる仕事をしたい、全ての人」です。例えば、既に仕事を持っていて、週に半日だけでも「社会に貢献している実感が持てる仕事をしたい」人も含まれます。すなわち「コーチ」はパートタイムでもかまいません。また、既に持っている仕事が医療分野である必要は全くありません。

しかし、既に医療分野で仕事をしている人で、現在の職場では自分の創造性を十分に発揮できない人も、もちろん大歓迎です。また。日本全国で一〇〇万人を超えると見られる「ひきこもり」の中の一部の人は、「社会に貢献している実感が持てる仕事なら働いてみよう」と考えるかも知れません。

「川上・川下」の医療が必要としている人材・才能の多くは、日本に存在しながら、休眠状態にあると私は考えています。**このような貴重な人材・才能を、コーチという新しい職業が発掘してくれると期待しています。**

上述のようなバックグラウンドを持つコーチたちが発案する、オリジナルな教育内容の開発をサポートするのが、「コーチ管理者」の主たる仕事です。「コーチ」を教育する立場にあるので、「コーチ管理者」は人文社会科学・芸術の分野で、できれば修士レベルの教育を受けていることが望ましいでしょう。

修士号などの学位の獲得が、時間的・金銭的に困難である人が多いと予想されるので、米国の大学で近年増えているCertificate（直訳すると「証明書」）プログラムが参考になります。このプログラムは、社会人学生を対象に、特定分野のコースを五から一〇程度履修すると得られる、「コース履修証明書」です。

「コース履修証明書」を「コーチ管理者」を育成する制度として開設することは、地元の大学と提携すれば、十分実現可能です。そして、これらの地元の大学で、「コーチ管理者を目指す社会人学生」を対象にする人文社会科学・芸術の分野の講義への需要が生まれます。これらの学部・修士レベルの講義を教えられるのは、人文社会科学分野なら博士号取得者、芸術分野なら少なくとも修士号取得者です。その結果、これらの分野で博士号・修士号取得者が得られる大学の教員ポストを増やすことができます。

オリジナルな教育内容が目指すべきテーマの具体例を以下に挙げます。最初の例は、

「参加してもお説教されるだけだろうから、気が乗らない」などの理由で敬遠する対象者に、「いかにして参加してもらうか」です。また、予防医療教育プログラムに参加後も、内容に退屈したなどの理由で、プログラム（通常一～二年）の「途中で脱落する参加者をいかに減らすか」は、テーマの二つめの例です。なお、教育プログラムを受ける自己負担額をゼロにしても、敬遠者・脱落者を減らす効果は非常に弱いのです。

予防医療教育プログラムに最後まで参加して効果が得られても、その後の効果はせいぜい一年しか持続しません[88]。「プログラム修了後どうすれば効果を持続できるか」はテーマの三つめの例です。とはいえ、例えば、糖尿病になる時期をたとえ一年だけでも「延期」できれば、十分成功です。なぜなら、糖尿病の治療費一年分（米国なら二〇一六年のデータで約一〇〇万円）を節約できるので、教育プログラムの財源を容易に正当化できるからです。

次の例は、さらに深刻です。極度の肥満患者に対する治療の一つに、胃を小さくするという高額な外科手術があります。しかし、胃が小さくなって過食できなくなった患者が、今度は薬物依存症となるケースが報告されています。このケースは、依存する対象が「過食」から、手術後に「薬物」に変わっただけです。「なぜこの患者さんは何かに依存しなければならないか」を解決しないかぎり、高額な外科手術費用のみならず、手術後の薬物依存症に対する治療を含め、医療費は上昇し続けます。その一方で、患者さんの苦しみも続きます。「暴飲暴食や違法薬物以外に人生の楽しみがないので、これで死んでも本望」という自暴自棄な人を説得することが、テーマの四つめの例です。

「依存症は、精神科で治療を受ければよい」との意見もありますが、精神科における依存症の治療も、「短期間で大きな効果」は余り期待できないのが実情です。そもそも、精神科を長期間受診することは、多くの患者さんにとって心理的な負担が大きいでしょう。また、糖尿病の診断後も、生活習慣を改善できない患者さんは数多く存在します。私の知るかぎり、これらの患者さんの多くは、「精神科的には軽症過ぎる」という理由で、精神科で治療を受けていません。既存の医療システムでは抱えきれない、予防医療教育を必要とする多くの患者さんが存在します。

少なくとも、上記の四つのテーマに対する解決策を、私は医療経済学の視点から長年探求してきました。その解決策を探す対象分野も、自然科学・経済学から、芸術・人文科学に拡がりました。二つの偶然が契機になり、私が最終的にたどり着いた解決案は、演劇でした。

最初の偶然は、平田オリザ氏の演劇をDVDで観《み》る機会があったことです。平田氏の長い肩書の一部を紹介すると「劇作家、演出家、劇団『青年団』主宰、大阪大学COデザインセンター特任教授」です。また、二〇二一年に兵庫県豊岡市に開校予定の、国公立大学では初の演劇やダンスの実技が本格的に学べる芸術文化観光専門職大学の学長に、平田氏は就任予定でもあります。私は、平田氏の演劇のDVDを全て観ただけでなく、日本に帰国する機会に、平田氏の演劇ワークショップにも参加しました。当初は仕事ではなく、個人的な趣味として演劇に興味を持ちました。

二つめの偶然は、ニューヨークと並んで米国の芸術・演劇の中心地である、サンフランシスコ・ベイエリアに私が住んでいて、数多くある劇場付属の演劇学校のワークショップ・講義に参加し、アウグスト・ボアールの演劇を学んだことです。

「演劇」と聞いただけで、かつての私のように、引いてしまう読者は多いかと思います。ステージの上でスポットライトを浴びて、日常生活ではおよそ使わないようなセリフを叫ぶような（かなり恥ずかしい）演劇とは対極的な演劇の一つに、ボアールの演劇があります。誰しも職場・学校・家庭内において、何らかの苦痛があるでしょう。これらの苦痛を今後少しでも減らすという実用的な目的のため、職場・学校・家庭内での経験を演劇として再現するのが、ボアールの演劇です。趣味として演劇に興味を持った一〇年後に、ボアールの演劇理論を含む演劇の力を借りれば、予防医療教育の分野で、巨大なブレイクスルーを起こせる可能性に気付きました。

私が在米中に開発した「Health Education Theater（健康教育劇場）」の最大の特徴は、予防医療教育プログラムの参加者全員で、オリジナルの演劇を創作し、出演することです。このプログラムの目的が食習慣の改善であれば、創作する演劇は何らかの形で食習慣を表現します。例えば、暴飲暴食の後に経験した苦痛について演劇で表現します。さらに言えば、暴飲暴食の食習慣の根本的な原因である、職場・学校・家庭内における、何らかのストレス・苦痛について表現することも可能です。

これらの苦痛を経験したのは他者であっても、演劇として「他者を演じる」ことは、他者の苦痛に共感することにつながるでしょう。また、自分の苦痛を演じる他者を観ることは、自らの苦痛を客観視する契機にもなります。他者の苦痛を演じるうちに、似たような苦痛を共有しているプログラムの参加者の間では、強い共感が生まれても不思議はありません。共感できる関係は、友人関係になるかもしれません。さらに、演じることは、自らの創造性を発揮する自己表現の機会でもあり、傍らで観る人を勇気づける可能性もあります。このような日常生活での経験を演劇として創作する上で有用な様々な技法を、ボアールの演劇は提供できます。

予防医療教育に演劇手法と経済評価を取り入れるという、前例のない私の奇抜なアイデアを本格的に開発・実践するため、協力してもらえる演劇の専門家を探しました。幸い、私の米国の勤務先であったカリフォルニア大学デービス校（UCD）演劇・舞踏学部の学部長を務めたジョン・D・ロッシーニ氏の協力を得られました。ロッシーニ氏の演劇の講義を聴講した後、共同で「健康教育劇場」をUCDの正式な講義として教えました。

私は、プランBの中核として提言した予防医療教育にも、是非この「健康教育劇場」を含めたいと考えています。従って、上記のコーチの研修を将来日本国内で実施する際に、「健康教育劇場」の進行役を務める人の研修も行う必要があります。非営利組織が実施するので、研修費用は安価にして、できるだけ多くの人に研修を受けて頂く予定です。

読者の方も、他人事とは考えずに、このコーチ研修の受講だけでもご考慮頂ければ幸いです。読者の方が気付いていないだけで、ご自身の中に埋もれている芸術・人文社会科学分野の才能があるはずです。埋もれた才能を、月に数時間だけでも予防医療教育のコーチとして発揮して頂きたいと思います。紙数の制約のため、本書で詳述できない「健康教育劇場」の詳細については、いずれ別の機会に出版を考えています。

上述の平田氏によれば、演劇は誰でも、アマチュアからプロまでどのレベルでも楽しめるという特性があります。演劇は総合芸術ですから、脚本に詩を含めても、ステージでダンスを取り入れてもかまいません。演劇の経験がなくとも、自分が好きであったり、または取り組んできた何かを使って貢献ができます。医療分野で応用されてきた様々な種類の芸術のうち、演劇が最も有望であることを示唆する研究もあります(89)。

また、第1章で述べた、「移民を受け入れる心の準備（リハーサル）」にも演劇は役立ちます。一例は、バックグラウンドの異なる人と、短期間（例：一週間）で同じ目的（例：オリジナルの演劇を創作して公演する）のために共同作業を行うことです。同じ目的のためにメンバー全員が、創作過程で対話を通じて妥協点を探る必要があります。この対話こそが、移民を含む多様な人々と共生するためのリハーサルになります。

この共同作業を、平田氏は大阪大学で留学奨学金の対象学生を選抜するための「面接試験」として用いています。「留学先で異文化の学生と共同作業ができる」能力を比較的短時間で評価するためにも、また、この能力を伸ばすためにも、演劇は有効なのです。

3　大都市の綱渡り生活者に薦める、プランBの一環としての地方移住

ビッグ・ピクチャーの二つめは、「大都市とりわけ首都圏から、地方への人口移動を可能にする」枠組みです。人口減少が続く日本で、首都圏だけが人口流入の点で「独り勝ち」している現状への対抗案とも呼べます。

日本の全住民の「広義の生活水準」を向上させるためには、大都市とりわけ首都圏から地方への人口移動が必要です。ここでの「広義の生活水準」に含まれるのは、以下で詳述する所得だけではありません。二〇一八年に気候変動による被害が世界で最も深刻な国が、日本（死者数一二八二人、被害総額約四兆円）であったことも忘れてはなりません。[90]自然災害が起こった時に被災地を救援できる地域を、できる限り多く日本国内に分散して残すのは、危機管理の基本です。

また、二〇二〇年初頭から世界を震撼《しんかん》させている新型コロナウイルス危機で、「カネが

あっても必需品や医療専門家を外国（地元以外）から輸入・招聘できない恐怖」を経験されたかと思います。この恐怖を少しでも軽減するため、必需品の生産拠点や医療人材の教育・勤務拠点を国内に分散させることも、「広義の生活水準」を向上させます。

大都市圏から地方への人口移動は、私の考えでは、地方と都市の両方の生活水準上昇に有効です。人口密度が低下することは、住居費用の低下や、通勤時の混雑の緩和を伴うので、大多数の都市住民にとって朗報でしょう。人口減少により基本的なインフラ維持が困難になる恐れがある地方にとって、プランBの実施を通じて人々が流入するのは、歓迎すべきことです。

プランBの一環として地方移住を特に薦めたいのは、大都市で金銭的な意味で綱渡り生活をしている三つのタイプの人々です。具体的には、「貯蓄ゼロ世帯」、「食料へのアクセスが保証されていない世帯」、「プランBの予防医療教育に必要な人材（文系の研究者、アーティスト）」です。

一つめのタイプ「貯蓄ゼロ世帯」は、金融広報中央委員会の調査で「金融資産を持たない世帯」として報告されます。調査手法などが変化したため、厳密な経時的変化は追えませんが、明らかに「貯蓄ゼロ」世帯は増加しています[91]。二人以上の世帯に占める「貯蓄ゼロ」世帯の割合は、一九七〇年からバブル崩壊の一九八九年前までは概《おおむ》ね五パーセントでした。しかし、この割合は、その後一貫して上昇して二〇一三年には三一・〇パーセントに達し、その後も三〇パーセント以上で高止まりしています。

二人以上の世帯に比べ、単身世帯は働き手の数が減るため、「貯蓄ゼロ」のリスクが高まります。その一方で、年齢別に見れば、年齢が若いほど「貯蓄ゼロ」のリスクが高くなるという予想は、以下のデータで否定されます。

単身世帯では「貯蓄ゼロ世帯」の割合は、二〇歳代（六一・〇パーセント）で最大ですが、三〇歳代（四〇・四パーセント）に比べて四〇歳代（四五・九パーセント）や五〇歳代（四三・〇パーセント）のほうが大きく、六〇歳代（三七・三パーセント）でやや小さくなります[92]。

少し脱線しますが、四〇歳代の貯蓄ゼロ世帯が多いのは、就職氷河期世代であることも一因でしょう。つまり、これは個人の責任といった問題ではなく、政策によって解決されるべき問題なのです。

上述の「貯蓄ゼロ世帯」の割合が経時的に一貫して上昇しているデータを基に、「日本は貧しくなった」と解釈するのは誤りです。

なぜなら、二〇一九年の家計の金融資産残高は一九〇三兆円（うち「現金・預金」は一〇〇八兆円）もあります。二〇〇四年からの経時的変化を見ても、中流階層以下にとって主たる金融資産である「現金・預金」は約八〇〇兆円から一貫して増加しています(49)。

日本の住民一人当たりの「現金・預金」だけ見ても、二〇〇四年の約六一〇万円から、二〇一九年の約八〇〇万円まで一貫して増加したので、日本全体（平均）として家計は豊かになっています。**これは、「日本が貧しくなった」のではなく、「所得・資産の再分配を行うべき日本の政治システムが貧しくなった」と解釈すべきではないでしょうか？**

二つめのタイプは、食料へのアクセスが保証されない人々です。二〇一七年の調査によると、一三・六パーセントの世帯が「過去一年間に経済的な理由で、家族が必要とする食料が買えなかった経験」を持ちます[93]。

一方で、上述した日本の家計が持つ金融資産は一九〇三兆円（一人当たり平均一五〇八万円）もあり、加えて八年連続で過去最大を更新中の法人企業の内部留保が四七五兆円（二〇一九年度）もあります[50]。

これほど豊かであるはずの日本で、八分の一以上の人々が経済的な理由で食料を買えないことは、個人の責任ではなく社会の責任だと考えます。残念ながら、現在の日本の政治システムは、巨額の金融資産や内部留保の一部を用いて、食料へのアクセスを全住民に保証する責任を放棄しています。「99％」に冷淡な政治システムをただちに変えることは困難であっても、この状況に責任を少しでも感じる人々が、せめて対応策としてのアイデアを出すべきでしょう。

三つめのタイプは、「プランBの予防医療教育に必要な人材（文系の研究者、アーティスト）」です。兵庫県豊岡市は、農薬を用いない米作を通じて、「野生コウノトリも住めるまちづくり」に成功しました。前述の劇作家、平田オリザ氏も、この豊岡市に移住し、この地に演劇の拠点を創っています。大都市で経済的に綱渡り生活をしているアーティストが豊岡市に移住後、「アートの仕事を続けながら食えるまちづくり」を、平田氏は目指しています。さらに野心的な試みとして、私はプランBを通じ、地方で「アーティストのみならず、文系の研究者も研究の仕事を続けながら食えるまちづくり」を構想しています。

大都市での支出金額を基準にすれば、地方に移住することによって、収入のうち自分で自由に使える現金（手取り収入）を二倍にすることは十分に可能です。このことを、実際の日本のデータを含めた図表4―3―1で説明します。この図表は、総務省が発表する「全国消費実態調査」の公表データ[94]に、独自の計算を加えました。この調査は五年に一度行われているため、二〇二〇年三月現在で最新の二〇一四年の公表データを用いました。

図表4-3-1　所得倍増計画の仮想例：手取り200万円（年収250万円から直接税と社会保険料を除く）の現役世帯§の消費支出の割合 現状と「プランBで地方移住後」の比較

項目番号（タイプ）	支出項目	現状の手取り収入（200万円）に占める支出割合[%]	プランBで地方移住後		
			支出割合[%]	「実質」所得の増加割合[%]	「実質」所得の増加[万円]
1（G）	住居（賃貸のみ）	33%	5%	28%	56万円
2（F）	食料	19%	5%	14%	28万円
3（G）	交通・通信	16%	5%	11%	22万円
4（G）	光熱・水道	7%	2%	5%	10万円
5（F、G）	教育	5%	2%	3%	6万円
6（F、G）	保健医療	3%	2%	1%	2万円
7	その他	17%	17%	0%	0万円
1から7の合計	支出合計	100%	38%	(n/a)	(n/a)
ケースX	貯蓄＋増加所得	(n/a)	(n/a)	62%	124万円
ケースY	貯蓄＋増加所得（項目5、6は変化なし）	(n/a)	(n/a)	58%	116万円
ケースZ	貯蓄＋増加所得（物々交換で食料以外を調達）	(n/a)	(n/a)	100%	200万円

総務省「全国消費実態調査2014年版」からのデータに筆者の仮定と計算を加えた。
§：現役世帯は夫婦と子ども2人の勤労者世帯を指す。項目タイプのFとGは、Fが地方で農産物・食料を生産する非営利部門団体、Gが地方自治体の事業として実施することを示す。住居費は、「民営借家における年収と家賃」の年収階級200～300万のうち、家賃支払い額の40-62パーセンタイルが5～6万円であり、その加重平均（5万+6万x（50%-40%）/（62%-40%））として中央値の月額5.45万円、その12ヵ月分として年額65.4万円を推計。現状の支出割合のオリジナルデータは、200～300万円世帯の住居費プラス土地家屋借金返済の手取り収入に占める割合は16%。仮想例で、住居費用が33%（=65.4万円/200万円）に上昇後、住居費以外の項目は、同じ比率で減少したと仮定。(n/a)：該当しない。小数点以下四捨五入で表示。

残念ながら、日本政府の公表する統計データは、諸外国のデータに比べても実態を反映しておらず、分かりにくい傾向があります。その最たる例は、日本政府は平均値を主に発表しますが、諸外国は「中央値」も代表的・標準的な数値として発表します。中央値とは、例えば、所得を低いものから高いものへと順に並べて二等分する境界値です。二〇一四年の日本の「平均」所得金額は五四一万九〇〇〇円ですが、この平均値以下の世帯の割合は六一・二パーセントと半分以上です。[95]「中央値」である所得四二七万円以下の世帯と、四二七万円以上の世帯はそれぞれ全世帯の五〇パーセントとなります。

二〇一四年の年間所得が三〇〇万円未満の世帯の割合は、三四・〇パーセントです。上述した貯蓄ゼロ世帯のデータは、二〇一七年と少し新しいものですが、二〇歳代から六〇歳代の全年齢層で少なくとも約三分の一以上が、「貯金ゼロ世帯」でした。

従って、以下の「全国消費実態調査」の公表データの解釈では、所得三〇〇万円以下の世帯の貯蓄額がゼロと仮定します。

「全国消費実態調査」の公表データは、大都市と地方の在住者を比較するデータを含んでいません。そこで以下の図表4―3―1を用いる議論では、近似値として、上述した「大都市で綱渡り生活をしている人々」は、民間借家を賃貸している世帯と支出割合が同じと仮定します。さらにこの調査が公表している賃貸額のデータ[94]に私の計算を追加すると、年収二五〇万円の世帯は中央値として家賃を毎月五・四五万円（年間六五・四万円）払っています（詳細は図表4―3―1の脚注で説明）。

図表4―3―1の三列目は、手取り二〇〇万円の世帯の消費支出割合を示しています。この世帯は、年収二五〇万円から直接税と社会保険料を五〇万円負担していると仮定。住居費（上述の年間六五・四万／二〇〇万＝三三パーセント）以外の項目の支出割合は、私が補正計算を追加。オリジナルデータに含まれた一〇項目のうち、図表に含めた支出割合の大きい六項目は、住居（三三パーセント）、食料（一九パーセント）、交通・通信（一六パーセント）、光熱・水道（七パーセント）、教育（五パーセント）、保健医療（三パーセント）。支出割合が最も大きな二項目である住居と食料だけで、実に家計総支出の半分以上（五二パーセント）を占めます。次いで大きな二項目である交通・通信と光熱・水道を加えると総支出

の四分の三（七五パーセント）。そこに教育と保健医療を加えた六項目の総計は、八三パーセントとなります。これではとても貯蓄に回せるお金などないでしょう。

4　地方の「非」営利部門だけが可能な「所得倍増計画」

地方への移住をためらっている人々の主要な懸念は、地方には「仕事がない、特に高い給与の仕事がない」、「子供に良い教育を与える機会がない」、「最先端の文化・芸術に接する機会がない」、「個人（一家族）として移住後、地方の閉鎖的なムラ社会に馴染めるか自信がない」などです。これら全ての懸念にプランBが応え得ることを、以下で説明します。

懸念として最初に挙げた「仕事がない、特に高い給与の仕事がない」に対する私の提言が、地方の非営利部門だけが可能な「所得倍増計画」です。この計画を実施できるのは地方の非営利部門だけであることに留意してください。地方政府の財政状況は厳しく、都市から流入してきた人々に現金を給付することは容易ではありません。しかし「地方と都市部の価格差」や「地方在住者のみが入手可能なモノ・サービス」は、地方の「潜在的な財源」、換言すると「都市部から地方に移住する動機付け」になり得ます。

図表4―3―1に関する以下の「%」や「円」の付いた数字は、読み飛ばして頂いてかまいません。これらの細かい数字は、地方移住を考えていらっしゃる方や、移住者受け入れを担当されている地方公務員の方のお役に立てればと思います。

図表4―3―1の四～六列目は、プランBで地方移住後に期待できる「実質」所得倍増計画の仮想例を示しています。四列目の支出割合は、「仮想」例ですが、プランBによる移住を検討して頂ける地方自治体にとっての「目標値」でもあります。

プランB下では、三大支出項目の住居、食料、交通・通信を五パーセント、他の二項目は二パーセントに仮定しました。その結果、二大支出項目の住居・食料だけで、それぞれ総支出の二八パーセント（すなわち五六万円＝二〇〇万円×二八パーセント）、一四パーセント（二八万円＝二〇〇万円×一四パーセント）もの現金が浮きます。

図表の最下段から三行目は上位六項目（合計例X）で、最下段から二段目は上位四項目（合計例Y）で現金支出を減少できれば、それぞれ総支出の六二パーセント（一二四万円）、五八パーセント（一一六万円）が余るというケース例です。

移住後に、これ以上削減できない支出は、最下段から四行目・四列に示す三八パーセント（七六万円）です。**この七六万円を除いた所得（一二四万円）を「実質」所得と見なせば、ケースXで一二四万円余る状態は、「実質」所得倍増を実現しています。**

以下で、この仮想例の実現可能性を説明します。最大支出項目である住居費に関しては、多くの読者から十分実現可能だと賛同頂けるかと思います。二〇一三年の政府データによると、日本全国で空き家は八二〇万戸もあり、空き家率は一三・五パーセント[96]。二〇一三年時点で住宅ストック数（約六〇六〇万戸）は、総世帯（約五二五〇万世帯）に対し一五パーセントも多い。日本の人口減少と高齢化（自宅があっても高齢者向け施設に入所）が続く限り、空き家の絶対数は加速度的に増えて行きます。

都市部からの移住者に対して、年額一〇万円以下（手取り年収二〇〇万円の五パーセント以下）で良質の住居を提供する地方自治体は少なくありません。図表4―3―1の一列目の項目タイプのGは、地方自治体（英語でState/Local GovernmentのG）の事業として実施可能であることを示しています。上述した自然災害時の危機管理の一環として、中央政府も地方移住者の住居費を財政的に支援すべきです。

図表4―3―1の一列目の項目タイプとしてGのみが示されている項目三（交通・通信）と四（光熱・水道）についても、移住者への支援事業の一環として、地方自治体が取り組むべきです。「通信費用」の中でも、インターネット料金・携帯電話料金は自治体が一括して契約すれば、かなりの割引が期待できます。

コロナ危機を契機に在宅勤務が一般的になり、持ち運び可能なポケットWi-Fiを含めIT環境の整備、使用価格の低下も進みましたので、技術的な問題はほとんどないでしょう。また、コロナ危機を契機にオンライン会議も一般的になりましたので、高い交通費を払って会議に出る機会も減少するはずです。従って、地方に移住することで仕事を失う確率は減少していくと思われます。

移住者への支援事業の一環である以上、光熱・水道はできる限り公営で行うか、厳しい規制を民間企業に課すべきです。この分野の規制緩和・民営化は、料金の値上がりにつながる可能性が高く、[97] その結果、せっかく来た移住者が逃げ出してしまいます。**逆に言えば、光熱・水道を公営で行う自治体は、これらの費用の低さを、移住者を呼び込む際の「売り」にできます。**また、地方自治体の一存で光熱・水道費用のさらなる引き下げが可能であることは、迅速かつ効果的な景気刺激として「手持ちの政策カード」を増やす意味もあります。

危機管理の一環としても、地方は分散型の自然エネルギー（例：太陽光発電）の比重を早急に増やすべきです。自然エネルギーの利用は、プランBの目的である「負けを減らす」「輸入を減らす」にも合致します。二〇一八年の日本の輸入品目の上位一位と二位は

「原油及び粗油（一〇・八パーセント）」と「液化天然ガス（五・七パーセント）」で、七位が「石炭（三・四パーセント）」[98]。これら三品目のうち、発電に利用する合計は、輸入総額の約八・三パーセント（約六・八兆円）であり[99]、輸入品目一位（一〇・八パーセント）と二位（五・七パーセント）の中間程度という巨額になります。第1章で詳述した通り日本の国際競争力が低下している現在、国内で代替できる自然エネルギーを増やすことは、輸入を減らして貿易収支を改善します。

一方、この図表一列目の項目タイプのFは、地方で農林水産物・食料（英語でFoodのF）を生産する非営利団体（例：農業協同組合［農協］ないし農協と協力関係にある生活協同組合［生協］）の事業として実施することを示します。

最も基本的なアイデアは、地元で生産できる農林水産物・食料を、「第二の通貨」ないし「組合加入者の特典」として、農林漁業に「何らかの形で貢献」する組合加入者に提供することです。

提供される農産物がコメのみだとしても、個人で消費しないコメを用いて「物々交換」

を行えば、コメ以外の食料や生活必需品を入手できます。物々交換の利点は、消費税を払う必要がないことです（これによる地方自治体の消費税収入の減少分は、現時点では微々たるものです）。

営利企業における株主配当（金銭）に相当するのが、このアイデアにおける組合員への食料配当です。目的は、日本の農林水産業と、プランB下での地方移住者を同時に保護することです。

農林漁業に「何らかの形で貢献」することは、農林水産省が推進する「農林漁業の六次産業化」の下では困難ではありません。この六次産業化とは、「一次産業としての農林漁業と、二次産業としての製造業、三次産業としての小売業などの事業との総合的かつ一体的な推進を図り、農山漁村の豊かな地域資源を活用した新たな付加価値を生み出す取り組み」（一次×二次×三次＝六次）です。これにより「農山漁村の所得の向上や雇用の確保」を目指しているので、プランBの究極の目的である「日本の全住民の衣食住が足りる」にも合致します。農作業に体力的に参加できなくても、食品加工・開発や小売販売・広報に貢献できる人は多いでしょう。

また、「一週間で必要な食料一人分」は、上記の六次産業のどこかで週に七時間労働すれば提供されるような仕組みになっていればよいと考えています。この労働報酬の目安は、米国のある非営利団体が経営する農園で一時間労働すれば、報酬として一日に必要な食料一人分が提供される既存のシステムにならいました。

流通に乗らない農産物を、農協の組合員で分配することは既に慣行的に行われています。さらに言えば、農林水産物を第二の通貨として用いる、可視化されない「物々交換市場」における経済活動も、既に日本で行われているようです。ただし、この経済活動の性質上、具体的な全国規模のデータは発表されていません。

そもそも「物々交換市場」は歴史的にどこの国にも、大規模に存在していました。世界で最貧国と呼ばれる諸国の一人当たりGDPは、これらの国々の低い物価を考慮しても、生存が困難な水準です。しかし、GDP計算で捕捉されない大規模な「物々交換市場」のお陰で、どうにか生存している人々は、最貧国では現在でも数多く存在しています。
　上述のように物々交換は、金銭のやり取りを基にするＧＤＰに貢献しません。日本では逆進性の高い消費税や低過ぎる賃金を含め、歴史的に新しい「貨幣市場」が深刻な機能不全に陥っています。そのため、現在の日本でも「古くて新しい物々交換市場」への移行は、当然かつ奨励されるべきだと私は考えています。**国レベルや一人当たりのＧＤＰの最大化を目指すことが、国家目標になり得ない時代になったことを認識すべきです。**

　なお、私が「地域通貨」や「仮想通貨」ではなく、「物々交換市場」を提言する理由は以下の通りです。

「地域通貨」は約二〇年前に、米国でも公的資金を得て大規模な介入実験が行われましたが、全て失敗したと私は理解しています。地域通貨の「価値単位」として代表的なものは、「時間」です。例えば、あなたが今年、金銭的報酬を得ずに訪問介護を二〇時間提供すると、この二〇時間は地元自治体のデータベースに記録されます。一〇年後、あなたは同じ自治体内に住んでいる限り、二〇時間の訪問介護を無料で受けられます。貨幣の価値はインフレなどで経時的に変化しますが、時間を単位にする利点は価値の経時的変化がない点です。

地域通貨の最大の欠点は、別の地域に移住すると使えないことです。プランBと同じく、「地元から富の流出を防ぐ」のが地域通貨の目的の一つです。つまり、この欠点は意図的に設計されたために、変更は難しい。とはいえ、この欠点ゆえに、将来的に別の地域に移住する可能性を考えている人は、現在居住している地域のために「時間を投資」する意欲が減少します。ですから、人の出入りの頻度が高い大都市では地域通貨は使われません。

介入実験では、さらに、別の欠点が指摘されました。「人の出入りの頻度が非常に低い閉鎖的な地域」でも地域通貨は使われないことです。なぜなら、人間関係が「緊密過ぎ」て、家族以外に介護サービスを提供しても、「自治体のデータベースに自分の労働時間を記録するような、他人行儀なことはできない」からです。

このように、大都市とは異なる理由で、閉鎖的な地域でも地域通貨は使われません。地域通貨を使ってもらえる「人の出入りが高くも低くもない地域」を探すのは至難の業であるため、介入実験の全てが失敗しました。

上記の最大の欠点を改善する一案として、どこの地域でも使える、「仮想通貨」（二〇二〇年五月から、日本の法令上「暗号資産」へ呼称変更された）があります。

仮想通貨とは、インターネット上でやり取りできる財産的価値です。しかし、国家やその中央銀行によって発行される法定通貨ではなく、裏付け資産を持たないために価値が暴落する可能性があることが、深刻な欠点です。仮に地方自治体が「仮想通貨」を発行する場合、巨大な電子システムの構築・維持が必要になります。このような巨大システムは、ハッキングの予防にも巨費が必要です。ハッキングされれば、個人が有しているはずの財産的価値が（その単位が時間であれ）ゼロになる可能性があり、停電しても電子通貨ゆえに無価値になります。

「来年、別の地域に移住すると使えなくなる（例：過去の「投資時間」が無価値になる）」というのが地域通貨の最大の欠点は、言い換えると「支払い」と「受け取り」の間の「時間差」

が長過ぎることです。この場合の「支払い」の例は、金銭を介さずに一〇時間分のサービスを提供すること、「受け取り」の例は、金銭を介さずに一〇時間分のサービスを受けることです。

従って、例えば、一週間以内にこの「時間差」を短縮できれば、別の地域に移住する直前の一週間前まで、現在居住している地域で金銭を介さない「支払い」を通じた「地域貢献」を続けてもらえます。

物々交換市場の二つの利点は、この「時間差を容易に短縮できること」と、「時間差が短いゆえに、価値暴落の可能性が極めて低い」ことです。仮想通貨にのめり込む人々の多くは、「金融投機を通じて『勝ちを増やしたい』プランA」側の人々です。「価値暴落のような『負けを減らす』」ことがプランBの目的であることは、ここでも強調したいと思います。

図表4―3―1の一列目でFとGの両方が示されている項目は、教育と保健医療です。

これまで説明してきた二つのタイプ、FとGの実施組織である地方自治体と農協・生協が、共同で三つめのタイプであるFとGを実施することが必要です。

一例は、地方自治体が上記のプランB下の予防医療教育のコーチ（ないしコーチの教育者）として、文系の研究者を非常勤職員（週二〇時間勤務、年間給与一五〇万円以上）扱いで雇用する例です。

文系の非常勤研究者にとって、常勤の研究職に就くために最も必要なものは、研究に使える時間です。しかし、生活費を稼ぐために複数の非常勤講師の仕事に忙殺されて、研究に使える時間が少なくなるケースをプランBは救うことができます。

常勤職に就くためには非常勤講師としての教育歴は必要ですが、一定期間以上の「非常勤講師としての教育歴だけ」では、むしろ否定的に評価されます。ですから、一～二年の短い期間でも、生活費の心配がなく、研究に必要な時間を確保できることを「売り」にして、文系の研究者の短期移住を地方自治体が歓迎してはどうでしょうか。同時に、これらの研究者が地元の大学に研究員として所属し、研究者コミュニティや図書館へのアクセスを支援することも重要です。

なぜなら高学歴の文系の研究者は、上記の予防医療教育プログラムの開発にも貢献できる上、塾講師も務まり、六次産業化した農林水産業に貢献できる可能性も十分あります。移住した文系の研究者は、少なくとも上記の非常勤職員としての収入一五〇万円を地方自治体から得る以外は、塾講師などの追加労働につき、その報酬を食料として受け取ります。「報酬としての食料」は、物々交換市場において「第二の通貨」として用いることで、生活必需品の多くを調達できます。

研究者でない移住者は、子供の教育費を食料で支払うことができれば、現金支出は図表4―3―1のように減少させることが可能です。同様の仕組みを用いれば、医療機関受診時に窓口負担として払う「現金」支出を減らすことも可能です。この窓口負担の一部を、地方自治体が支払う例は既に珍しくありません。

さらに言えば、食料を介在せずに、地方の「物々交換市場」において、必要なサービス・モノを直接交換することも可能です。家庭教師としてX時間のサービスを提供する対価として、家電製品の修理をしてもらえることが一例です。プランB関連の職種の技能を少なくとも一つ、できれば二つ以上持つことは、個人として生き延びる確率を上げる、すなわち個人レベルの危機管理にもなります。

上述の「物々交換市場」において、移住者が「何を提供」でき、「何を得られる」か次第で、図表4―3―1の最下段の三つのケースの実現性が決まります。

地方に在住すれば、特に専門技術がなくとも、毎月三〇時間「六次産業化した農林水産業」で働けば、報酬として「一ヵ月分の食料」が入手可能と仮定しましょう。この「一ヵ月分の食料」の価値が、毎月の総支出の「一九パーセント」と仮定します。この場合、毎月九〇時間（月に二〇日働くとすると、一日平均四・五時間）働けば、「三ヵ月分の食料」を報酬として毎月貰えます。消費しない二ヵ月分の食料報酬を物々交換すれば、毎月の総支出の三八パーセント（＝一九パーセント×二）の追加所得が得られます。その結果、ケースX・Y（所得が約六〇パーセント増加）からケースZ（所得が倍増＝一〇〇パーセント増加）への移行が可能になります。

また、地方自治体がプランBの予防医療教育のコーチとして、大卒程度の研究者やアーティストの移住を、短期間であれ数多く受け入れることは可能です。多くの人々が出入りすることで、ムラ社会の閉鎖性は緩和されるでしょう。

この結果、本節冒頭で述べた、地方には「仕事がない、特に高い給与の仕事がない」、「子供に良い教育を与える機会がない」、「最先端の文化・芸術に接する機会がない」、「個人（一家族）として移住後、地方の閉鎖的なムラ社会に馴染めるか自信がない」といった、現在都市に在住している人々の懸念は、かなりの程度まで軽減可能になります。

これまでの議論では、現金を介さない「物々交換市場」の役割を強調してきました。もちろん、地方自治体が現金である財政収入を増やすことも重要ですので、私の二つの案を紹介します。

一つめの案は、現在の消費税を段階的に減らすか、コロナ危機の期間は暫定的に廃止して、米国の売上税にならい全面的に改革することです。廃止後は、混乱を避けるため名称も変えて、新たに「売上税」を創設することを提案します。

日本の消費税の議論で、なぜか取り上げられない論点が二つあります。すなわち、日本

では（a）消費税収入のうち地方自治体の取り分が低過ぎる、（b）地方自治体が独自に消費税率を上げ下げできる自由度がほとんどないことです。

図表4―4―1の最下行に示したように、日本では消費税一〇パーセントのうち、都道府県と市町村の取り分となる税率はそれぞれわずか一・一パーセントです。すなわち、消費税の実に四分の三以上（七・八パーセント）が、地方から中央政府に「流出」します。米国の五〇州のうち四六州が課す、四・四一～九・四七パーセントもの消費税（正確には売上税）率[100]に比べると低過ぎるのは明らかです。

そもそも、地方の住民が地元のスーパーで払う売上税の用途として、大都市に所在する大企業の「法人税減税の穴埋め」はふさわしくなく、地元に全て還元すべきです。地元に大部分が還元される売上税は、第3章で詳述した「上がらない、回らない、漏れる経済構造」を改善します。

また、地方自治体が、売上税収入を生活に密着した教育・社会保障の事業に使えば、地方の選挙民による地方自治体の支出金の監視も容易です。

図表4-4-1　日本の消費税と米国50州の売上税の比較（2019年）

ランキング（列1を基準）	州	列1（列2と列3の合計）税率（州＋市町村）	列2 税率（州のみ）	列3 税率（市町村のみの平均値）	列4 税率（市町村の最大値）
1	Tennessee	9.47%	7.00%	2.47%	2.750%
2	Louisiana	9.45%	4.45%	5.00%	7.00%
3	Arkansas	9.43%	6.50%	2.93%	5.125%
4	Washington	9.17%	6.50%	2.67%	3.90%
5	Alabama	9.14%	4.00%	5.14%	7.00%
26	Utah（b）	6.94%	5.95%	0.99%	2.750%
45	Hawaii（c）	4.41%	4.00%	0.41%	0.50%
46	Alaska	1.43%	0.00%	1.43%	7.50%
47	Delaware＊	0.00%	0.00%	0.00%	0.00%
n/a	日本の都道府県	2.2%	都道府県のみ 1.1%	市町村のみ 1.1%	n/a

＊ Delawareの他、Montana 、New Hampshire、Oregonも列1、2、3、4の税率が全て0%。
(n/a): 該当しない。https://taxfoundation.org/sales-tax-rates-2019/より

図表４―４―１を見れば、全国一律の消費税を施行している日本に比べ、米国五〇州の売上税を課す自由度の大きさが分かります。「日本と異なり米国は連邦制だから」という言い訳は通用しません。なぜなら、米国は一つの州の内部でも、地方自治体が独自に売上税を制定しているからです。例えば、アラスカ州は、同じ州内の市町村が課す税率は平均一・四三パーセントから最大七・五〇パーセントまで[100]、大きなばらつき（課税の自由度）があります。

地方自治体が自由に売上税を課せれば、以下のような好ましいシナリオが十分可能です。すなわち、地元の住民が、追加の売上税を「プランB実施の財源」として合意します。その結果、プランBの実施を通じて、この自治体に都市部から様々な技能を持った人々が移住してきます。

移住者が一定数以上増えれば、地元経済が活性化し、自治体の税収も増えます。つまり、追加の売上税の「元がとれる」可能性は十分あります。**最終的に、自治体間で移住者の争奪戦になれば、従来の「給与の引き下げ競争」とは逆の、技能の高い移住者を呼び寄せるための「給与の引き上げ競争」を期待できます。**

地方自治体が財政収入を増やす二つめの案として、予防医療教育の一部を実施組織を非営利のままで商業化し、地元以外、さらには海外からの現金獲得を目指します。一例は、先述した平田氏が学長に就任する二〇二一年度開校予定の芸術文化観光専門職大学の取り組みです。平田氏は、演劇教育を英語で行う予定で、外貨獲得を目指しています。

別の例は、私がカリフォルニア大学勤務時から開発している、演劇手法を取り入れた予防医療教育法です。この教育プログラムを英語でも実施し「成功」（医療経済学評価でコスト削減ないし、地元経済の活性化を証明）すれば、外貨獲得事業として全国的に広める予定です。このような国内外からの需要の高い教育プログラムを多数創出できれば、地方でも外貨獲得の選択肢を増やせます。開発リスクの高い先端医療技術（プランA）のみに依存する必要は、全くありません。

5 「北東アジア経済共同体」はなぜ必要か

ここからは三つめのビッグ・ピクチャーを説明します。プランAもBも成功させるための枠組みとして、民主主義と基本的人権を共通の価値観とする、日本・韓国・台湾を含む北東アジア経済共同体を創設することを提言します。

既に多くの識者が提言している「東アジア共同体」は、私の提言とは相違点が多いのです。そこで、あえて新しい「北東アジア経済共同体（North-East Asia Economic Community：以下ではNEAECと略す）」という言葉を選びました。

NEAECの根拠の一つは、第1章で詳述した「人材不足」「競争不足」「国家主権の不足」を日本単独では解決できないことです。とりわけ困難な「国家主権の回復」について、日本はドイツの成功例から学ぶ必要があります。すなわち、米国からの外圧に対して、EUの一員として行動することで、ドイツは徐々に主権を回復してきました。

NEAECには、加盟国の全てにとって、以下の三つのメリットが期待できます。

（1）グローバリゼーションにより上手く対応できる。

（2）近い将来に高い確率で起こる自然災害・パンデミック・気候変動などに対する危機対応力が高まる。

（3）国内の統治システムの劣化を食い止める。

これらのメリットについて、以下で詳説します。

一つめのメリットである、グローバリゼーションへの対応については、最初に過去三〇年の日本の失敗を認め、「新しいモデルが必要」であることを認識するところから始めなければなりません。

第1章の図表1―2―1（二〇ページ）で詳述した通り、日本のGDPの世界ランキングは一九九〇年の二位から、二〇一八年には五位まで沈みました。一九九〇年のランキング上位五位にはなかった中国とEUは、二〇一八年にそれぞれ一位と二位に躍進しました。従って、中国とEUは、冷戦時代の終焉《しゅうえん》とともに始まった新しいグローバリゼーションの波に、少なくとも日本よりは上手く乗りました。それと同時に、巨大なグローバル企業を規制することに成功しているのは、EUと中国です。EUとして束になることで、グローバル企業にも、EUの不利益に対し巨額の制裁金を科すほどの交渉力を持っています。

二〇一八年のGDPの世界ランキングで、米国は、EU（世界GDPの一六・三パーセントを占める）より下の三位です。

しかし、米国（同一五・二パーセント）と北米自由貿易協定（NAFTA：二〇二〇年七月からUSMCAに名称変更）を結んでいるカナダとメキシコを加えた三国を北米経済圏と見なせば、GDPではEUを凌ぎます。日本ではあまり知られていませんが、二〇一九年の第一四半期の米国の貿易相手（輸出と輸入を加える）ランキング上位三国は、メキシコ、カナダ、中国です。これら三国の貿易規模はほぼ同じで、一ヵ国で日本の約三倍です。[101]
米国を訪問する外国人ランキング上位四ヵ国は、カナダ（約二一〇〇万人：この数はカナダ全人口の約五五パーセント）、メキシコ（約一八〇〇万人）、英国（四八〇万人）、日本（三八〇万人）を見ても、北米三国の緊密さが分かります。[102]
欧州諸国はＥＵ創設後も加盟国を増やす方向ですし、二〇一三年に一帯一路構想を提案した中国の方針を見ても、世界経済のブロック化が進んでいます。
日本にとっての、上記の「新しいモデル」を選択する際の最初の問いは、「どの経済ブロックに参加するか」です。
現在の日本の識者の圧倒的多数は「北米経済ブロック」に、これまでよりも密接に参加することを主張するでしょう。この主張に対し、米国で二五年間生活した私は非常に懐疑的です。

私の考えでは、経済ブロックへの本格的な参加には、文化（特に言語と宗教）、価値観（法制度、社会的慣習）、地理的な近さの三つの要素を共有する必要があります。

結論から言えば、アングロ・サクソン諸国（米国、カナダ、英国、豪州、ニュージーランドは、言語、宗教、法制度がほぼ同じ）、EU（言語、宗教、法制度が近い）、ラテン・アメリカ（言語・宗教が近い）、イスラム諸国（宗教を基にした世界的ネットワークを持つ）のいずれの経済・文化圏とも日本はかけ離れています。

ですから、一〇〇年単位の時間をかけて日本の言語・宗教・文化を変えない限り、日本はこれらのブロックには国家として入れてもらえないことを自覚するべきです。もちろん、個人としての移住はこれまで通り可能ですが、それは誰しもが選択できることではありません。

米国政府は、二〇二〇年一月に、外国企業からの米国内への「重要な技術及びインフラや機微な個人情報、不動産など」に関わる、投資の審査を厳格化する規則を発表しました。この規制の対象外になった国（いわゆるホワイト国）、すなわち、「米国政府からの信頼度が高い」国は、カナダ、英国、豪州の三ヵ国のみでした[103]。

米国から英国・豪州の地理的な距離を考えれば、上記の三要件のうち文化と価値観の共有が地理的な近さよりもはるかに大事であることが分かります。米国との貿易額の多寡は、「米国政府からの信頼度」に必ずしも比例しないことにも留意すべきです。

また、二〇一五年時点で英語を公用語にしている国が六七もあった事実を見ても[104]、仮に日本が来年英語を公用語に加えても、ただちに米国投資規制のホワイト国になれるか疑問です。


「地理的な距離が問題ないなら、価値観を共有するEUに日本が参加する」という案は、現時点ではただちにEUに却下されます。EUは、文化的・地理的に近いにもかかわらずロシアに対し、価値観が異なるために距離を取っていることは知られています。

欧州には、EU（二七ヵ国が加盟）とは別の大きな組織として、人権、民主主義、法の支配の分野で国際社会の基準策定を主導する汎欧州の国際機関である「欧州評議会」（Council of Europe：四七ヵ国が加盟）があります。EUに加盟する条件にも、欧州評議会に加盟する条件にも「死刑廃止」があるほど、この問題は重要な人権問題、価値観の問題です。ロシアは、一九九六年に欧州評議会に加盟後、ただちに死刑を停止しました。

ですから、いまなお死刑制度に強い支持がある日本は、ロシアよりも価値観において「ＥＵから遠い」と見なされ得るのです。なお、二〇一九年五月時点で、米国は五〇州のうち、二一州で死刑を廃止しています。

私は、人道的観点から死刑廃止論者ですが、冤罪《えんざい》で死刑になる可能性のある日本は、経済の面から言っても、ビジネス・リスクとしても敬遠される可能性があるでしょう。これは、日本と欧米の根源的価値観の違い（ギャップ）にも関わる問題です。

欧米では、政治制度、ビジネスから家電製品まで「最悪の事態を回避するためなら、最高のシナリオを諦める」という哲学で設計されています。冤罪という最悪の事態を避けるのが、欧米の「死刑廃止」の主たる根拠の一つであることは、知っておくべきです。

文化に比べれば、価値観はより短期間で変えることが可能です。日本が今後、死刑廃止を含め、ＥＵや米国と人権、民主主義、法の支配の分野で近い価値観を持つことは可能ですし、私が考えるに、そうするべきです。価値観を共有する限り、グローバリゼーションへの対応についても、協力できる人々をＥＵや米国の内部に数多く見つけることができます。

しかし、ＥＵ・米国とは文化の違いが大きい上、地理的にも遠いため、大規模な人の移動は起きないでしょう。

第1章で詳述したように、プランAを日本で成功させるためには、外国から高度な技能を持つ人材を大規模に招聘する必要があります。文化的・地理的に近い国としては、韓国、台湾、中国（韓台中）がまず挙げられます。

正確な資料が見つかりませんでしたが、「老いた親の介護が心配」という理由で、米国でのキャリアを諦め、東アジア諸国に帰ることを考えている研究者は少なからずいます。飛行機なら三時間以内で韓台中に住む親の顔を見に行ける日本は、幸い地理的に韓台中の優秀な研究者を招聘できる利点があるはずです。私の経験では、米国の西海岸からですら、東アジアまで頻回に旅行することは、所要時間・時差・費用の面から非常に厳しいものがあります。

それでは、本節冒頭で示した、日本が新しいモデルを選択する際に「どの経済ブロックに参加するか」という問いに戻ります。消去法で残った二つの選択肢は、「中国ブロックに入る」か「韓国・台湾と価値観を共有する経済ブロックを形成する」です。

後者の選択肢を推し、なおかつ、共有する価値観は基本的人権と民主主義というのが、私の提言です。後者の選択肢の最大の障害は、現在の日本の指導層の間で「基本的人権と民主主義という価値観」よりも「権威主義的価値観」が優勢なことです。「権威主義的価値観」を共有したいなら、当然「中国ブロックに入る」選択肢を選ぶことになります。この問題については、後述するＮＥＡＥＣの三つのメリットで、さらに論じます。

ＮＥＡＥＣの二つめのメリットは、近い将来に高い確率で起こる自然災害・パンデミック・気候変動などに対する危機対応力が高まることです。このメリットは理解しやすいでしょう。なぜなら、本章3節で危機管理の一環として言及した、大都市から地方へ人口・

生産拠点を分散させる話の延長でもあるからです。

地震や台風被害のみならず、パンデミックですら、日本・韓国・台湾（日韓台）の三ヵ国同時に同程度に起こる確率は低く、地理的に散らばっている以上、被害発生にも時間差が通常あります。「国内の時間差」よりも「日韓台の時間差」が大きいことを利用して、援助活動や、対策の共有を行うことも可能です。

このような自然災害面での協力は、一見容易に思えます。しかし、文化だけでなく価値観も共有しない限り、自然災害の場面でも、限られた資源を排他的に独占しようとする人々が現れます。二〇二〇年のコロナ危機でも、日本のある県知事が、隣県からの車の移動を無意味な形で抑制しようとしました。隣県からの必要物資の輸送や医療従事者の援助が必須であることは、かくも容易に忘れられてしまいます。

経済学者の水野和夫氏も、今後世界がブロック経済化することを予想しています。[105]

水野氏は、ブロック経済圏の成立条件として、一経済圏の内部で必要な食料・工業製品などを全て生産・自給することが可能であることを挙げています。

この条件だけをみても、米国や中国と異なり、日本単独ではブロック経済圏を形成できないことは明白です。NEAECを創設し、計画的な分業体制を構築できれば、この条件を満たせる可能性は格段に向上します。

日本が、NEAEC参加を通じて、グローバル経済で「浮上」できることを示すのが、図表4―5―1です。第1章で詳解した図表1―2―1と比較すれば、「浮上」の程度は非常に大きいことが分かります。

二〇一八年のGDPの世界ランキングで、日本単独では五位（世界GDPの四・一パーセント）から、インドを抜いて、NEAECでは四位（同六・六パーセント）に浮上。同様に、二〇五〇年のGDPの世界ランキングは、六位（世界GDPの三・二パーセント）から、インドネシアを抜いて、NEAECでは五位（同五・八パーセント）に浮上します。

第1章で詳述した日本のプランAが抱える問題、すなわち、「人材不足、競争不足、主権不足」は、日本・韓国・台湾の共通課題でもあります。

図表4-5-1　北東アジア経済共同体が実現した場合の世界の6大経済国・圏のGDP ［%世界GDP］と人口［%世界人口（億人）］の経時的変化

GDPランキング	2018年[a,b]	2050年[c,d]
1	**中国** GDP 18.7% 人口18.7%（13.95億人）	**中国** GDP 24.9% 人口14.4%（14.0億人）
2	**EU** GDP 16.3% 人口6.8%（5.1億人）	**インド** GDP 19.0% 人口16.8%（16.4億人）
3	**米国** GDP 15.2% 人口4.4%（3.27億人）	**米国** GDP 14.7% 人口3.9%（3.8億人）
4	**日本＋韓国＋台湾** GDP 6.6% 人口2.7%[b]（2.02億人）	**EU**[e] GDP 14.1% 人口5.1%（5.0億人）
5	**インド** GDP 7.8% 人口17.9%（13.34億人）	**日本＋韓国＋台湾** GDP 5.8%[f] 人口1.8%（1.8億人）
6	**日本** GDP 4.1% 人口1.7%（1.26億人）[b]	**インドネシア** GDP 4.8% 人口3.4%（3.3億人）

GDP：国内総生産を平均力購買価（PPP。物価）で補正したもの。

a: %世界GDPと%世界人口の算出、および人口数はIMF World Economic Outlook（April 2019）https://www.imf.org/en/Publications/WEO/weo-database/2019/April および Population [Millions of people]. https://www.imf.org/external/datamapper/LP@WEO/OEMDC/ADVEC/WEOWORLD より。

b: 人口数（億人）データおよび%世界人口の算出は、2018年の人口（推定値）を用いた。上記a: IMF World Economic Outlook (April 2019)より。

c: GDP予測は OECD.Stat: Economic Outlook No.103 - July 2018 -Long-term baseline projections（GDP, volume in USD, at constant 2010 ppp）より。 https://stats.oecd.org/viewhtml.aspx?datasetcode=EO103_LTB&lang=en

d: 人口予測は United Nations, World Population Prospects 2019: Data Booklet より。https://population.un.org/wpp/Publications/Files/WPP2019_DataBooklet.pdf

e: aのIMFのデータ（1998年―2024年）から、筆者が、2050年における「EUのGDP」を「ユーロ圏のGDP」の1.43倍と仮定。GDP、人口共に英国をEUに含めた。

f: 台湾の2050年のGDPデータは入手できなかったため、台湾のGDP 増加率（2018年から2050年まで）を韓国のそれと同じと仮定して筆者が計算した。

図表4-5-2　アジア5ヵ国の一人当たりGDP（国内総生産、実質値a)）の経時的変化

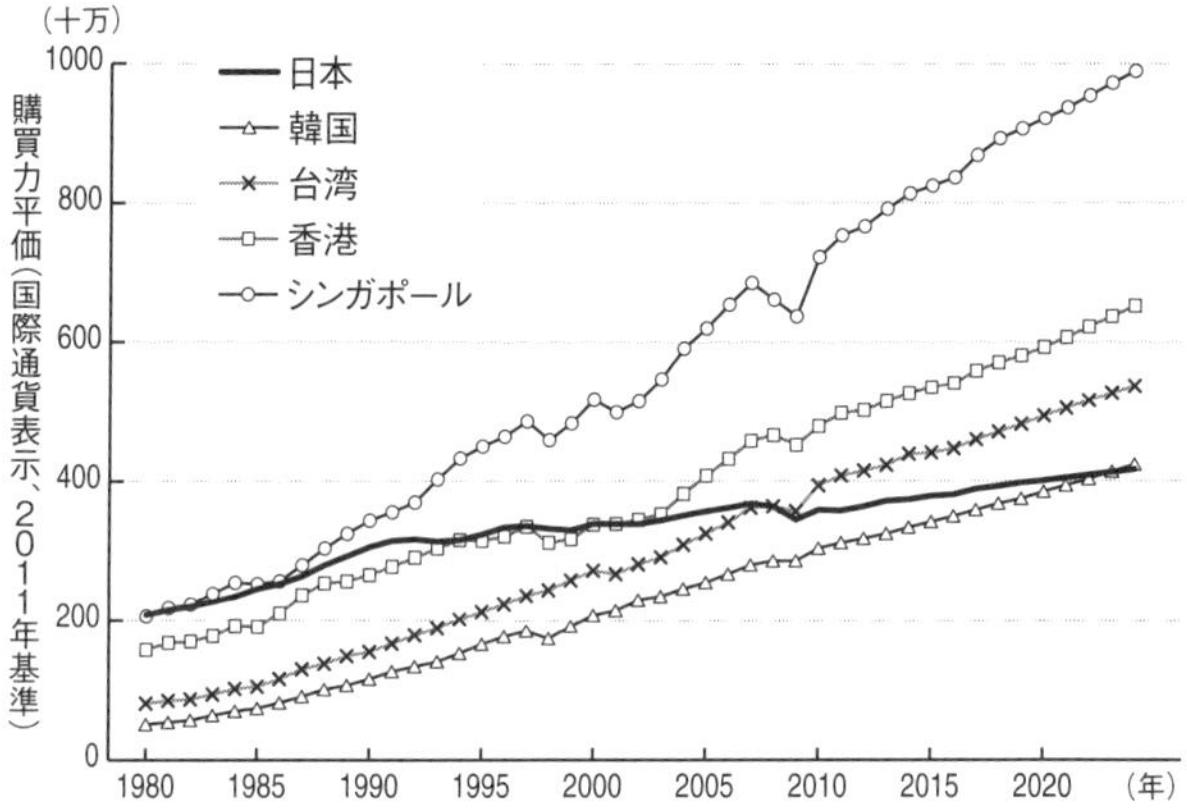

a：日本、韓国、台湾、シンガポールは2018年以降の値が、香港は2019年以降の値がそれぞれ推計値。
IMF International Monetary Fund, World Economic Outlook Database（April 2019）より

歴史的経緯から、社会制度のみならず、少子高齢化などの問題もこれら三国は共有しています。NEAECの創設と維持には、参加国の互恵が必要です。日本から与えられるものが多くあるうちに、NEAECを形成して参加すべきです。

日本に残された時間が、あまり多くないことを示すデータを紹介します。図表4—5—2と図表4—5—3は、NEAECの三ヵ国にシンガポールと香港を加えた五ヵ国で比較しました。図表4—5—2の一人当たりGDP

（すなわち一人当たりの国民所得）ランキングで、日本は二〇一九年時点で既にシンガポール、香港、台湾よりも低く、二〇二三年には韓国をも下回ることをＩＭＦが予想しています。(106) 図表４―５―３の国際競争力ランキングについては、シンガポールと香港が米国とともに首位争いをしている一方で、日本は長期低落傾向に歯止めがかからず、二〇一九年には韓国を下回る三〇位です。(5)

第１章でも述べた通り、二〇一九年のコンピューターサイエンス学科の国際ランキング・トップ一〇大学のうち七大学は日本を除くアジア諸国が占めており、東京大学は一三四位。(13) 日本が、東アジアの「お荷物」国家になる前に、ＮＥＡＥＣ創設にただちに取りかかるべきです。

ＮＥＡＥＣの三つめのメリットは、国内、とりわけ日本の統治システムの劣化を食い止めることです。上述したように、日本の経済的地位の沈下は一時的なものではなく、二〇年以上に渡るほぼ一貫した傾向です。数値で比較可能な経済的地位の沈下に比べ、数値化が困難な日本の統治システムの劣化は、二〇二〇年に始まったコロナ危機以前は可視化さ

図表4-5-3　アジア5ヵ国の国際競争力ランキングの経時的変化

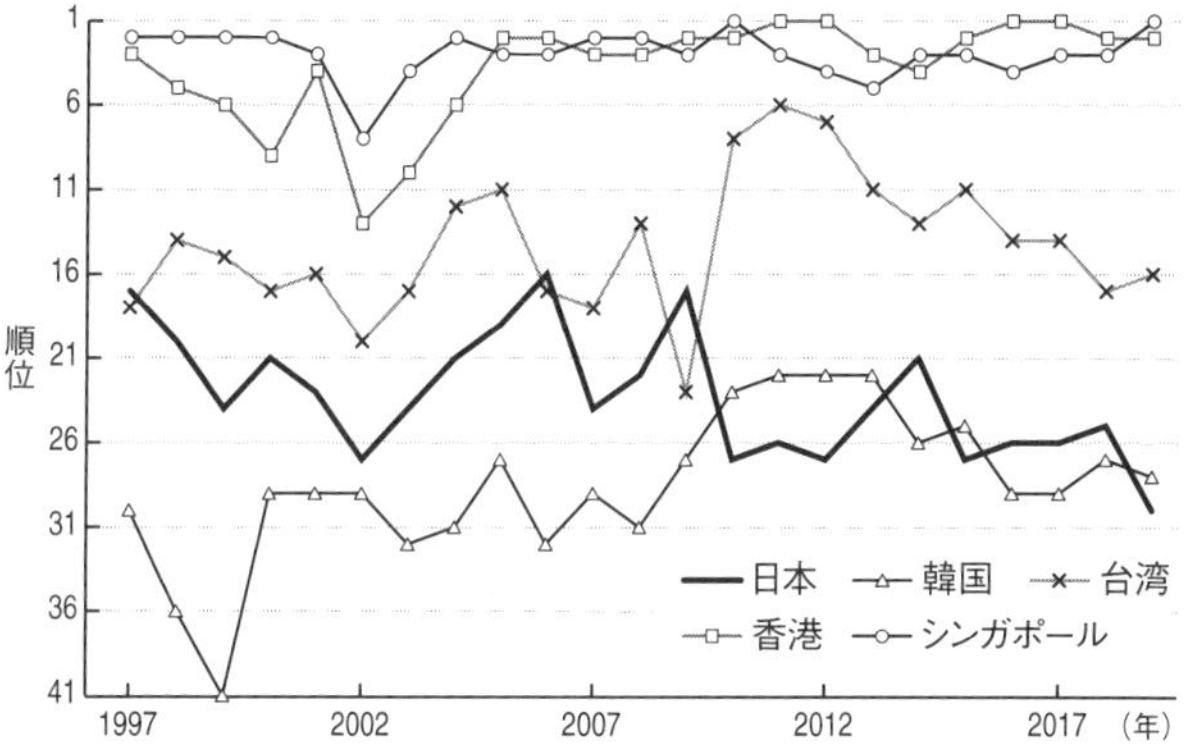

© IMD WORLD COMPETITIVENESS ONLINE 1995 – 2019より筆者作成

れませんでした。

思想家の内田樹氏が指摘したように、コロナ危機は、全世界がほぼ同時期に同じ問題を課せられた「センター試験」でした。各国の対応は、陽性患者数・死亡率だけでなく、どのような検査・治療システムを構築したか、どのような国際支援ができたかなどにおいて、国家間の比較が明瞭になりました。

残念ながら、日本の「センター試験」の成績は、本節執筆時の二〇二一年一月現在では、先進国中で特に優秀とは言い難いものです。試験の目的は、「政策」が短期的に影響を与えられる項目の比較であり、生物学的な地域差（例：交《こう》叉《さ》免疫の違い）の項目ではないことです。前者の「政策の違い」が、先進国間で「一〇倍を超える死亡率の違い」の原因になることは、著者の長年の医療経済学研究の経験から、まずありません。従って、コロナの人口当たり死亡率において三〇倍以上の違いがあることのみを基に、東アジア諸国のコロナ政策が欧米諸国のそれに比べ優れていると結論付けられません。[107]

　比較可能な政策評価の一例は、コロナ対策としての政府からの給付金等により経済成長の落ち込みを防ぐことです。二〇二〇年一〇月にＩＭＦが推定した、二〇二〇年ＧＤＰ変化率を見てみましょう。日本のマイナス５・３％は、米国（マイナス４・３％）より劣りますが、ユーロ圏（マイナス８・３％）や英国（マイナス９・８％）よりも優ります。しかし、コロナの発症率が近いアジア・太平洋諸国（豪州＝マイナス４・２％、韓国＝マイナス１・９％、台湾＝０％）に比べると、劣ります。[108]

　地理的に近いアジア・太平洋諸国の間であれば、人口一〇〇万人当たりのコロナ死亡率の違いは、政策の違いをかなりの程度反映していると言えるでしょう。二〇二一年一月六日現在で、日本（29）は豪州（35）より優りますが、韓国（20）、中国（3）、台湾（0・3）

よりも劣ります[107]。留意すべきは、日本政府が公表しているコロナの死亡者数（と死亡率）の推計には、ＰＣＲ検査の数が少なすぎる他、方法論的にも問題が多々あることです。これらの問題点による感染者数（率）の過小評価の可能性を指摘した著者の拙論を、参考までに挙げておきます[109]。

著者が強く懸念しているのは、日本における人口当たりＰＣＲ検査数が、一貫して世界で最貧国レベルであることです[107]。もっとも、ＰＣＲ検査数の水準の適否に用いるべき最も重要な比較対象は、諸外国ではなく、日本国内の抗体検査の結果です。二〇二〇年六月の時点で、東京都では、ＰＣＲ検査陽性者数の少なくとも一〇倍程度の感染者がいたことが、抗体検査で明らかになりました。この抗体検査結果が示す日本のＰＣＲ検査数の深刻な抑制について著者が作成したレポートは、二〇二〇年七月の参議院予算委員会で、児玉龍彦東京大学名誉教授がコロナ・パンデミック対策の参考人として発言された際に資料の一部として配布されました。この専門家向けのレポートを、一般向けに解説した著者のブログページも挙げておきます[110]。

対照的に、中国、韓国と台湾は「優等生」との高い評価を、国際社会で得ました。一例は、ＯＥＣＤが出したパンデミック対策のレポートにおいて、参考にすべき革新的な検査体制を開発した国の筆頭として、独立したコラム欄を設け、一ページもの詳細な韓国の対策が紹介されました。[111]

ＮＥＡＥＣと名付けた理由は、最初のステップとして経済面の統合を強調するためです。しかし、欧州にならい、長期的には政治面の統合を目指しています。

私の理解では、ＥＵも政治的な劣化を避ける目的で、国民国家の主権の一部をＥＵに移譲しています。「主権の一部をＥＵに移譲」することは、米国における「州政府と連邦政府の関係」をモデルにしているとも考えられます。

米国の建国者たちの優れた現実主義は、意図的に二重行政と三権分立を憲法で明記していることに表れています。プランＢが米国憲法と共有する目的は、「勝ちを増やす」よりも「負けを減らす」ことを重視していることです。

例えば、民主的手続きを経て選出された権威主義的な大統領の弊害（「負け」）を、民主的な州知事が軽減することで、国全体の政治・統治システムが著しく劣化することを防げます。

米国が世界で最初に確立した意図的な二重・三重行政（連邦・州・地方政府）と三権分立が、同国のこれまでの繁栄に大きな役割を果たしたがゆえに、EUがこれらの米国モデルに近づいているわけです。

米国の繁栄を日本で再現することを掲げながら、二重・三重行政どころか三権分立まで軽視する政治家は、自身の深刻な矛盾に気付くべきです。

NEAECで最初に目指すのは、社会学の用語を用いれば、「足による投票」（＝人々が自身にとって好ましい国や自治体に移住すること）です。

一案として、NEAEC内で、大規模な奨学金制度によって学生の移動を促します。これらの学生が卒業後に、NEAEC内で容易に就職できるように、労働ビザも緩和します。彼らは、留学先・就職先の大学・都市・国にとって経済的にプラス効果を生みます。

当然魅力のある大学・都市・国を求めて彼らが移住した結果、その流入人口の数が、

「足による投票数」になります。第1章で詳述した国内エリート層の「競争不足」は、NEAECの住民が「足による投票」を大規模に行うことで、ある程度改善されます。

「足による投票」の次に目指すのは、一定期間以上居住したNEAEC加盟国の外国人に、地方レベルに限定した選挙権・被選挙権を付与することです。

私が知る限り、二〇二〇年五月時点でこの付与を行っている国は、東アジアでは韓国のみです。この外国人地方参政権制度は、政治家の「競争不足」を直接的に改善します。

EU市民は、他のEU加盟国の地方選挙で、投票や立候補をすることができると定められています。例えば、フランスで首相まで務めたバルス氏は、生まれ故郷であるスペインのバルセロナ市長選に出馬しました[112]。

外国から大富豪、優秀な科学者、サッカーチームの監督を日本に招聘することに熱心な人は多いですが、なぜ優秀な政治家を招聘することに関心がないのか、私には謎です。政治的信条を共有する政治家を、国籍よりも能力を基準にして、地方政治家から育成することは、NEAEC内の政治家のネットワークを強化し、現在のEU内の政治家のネットワークに近づけることになります。国際競争促進の旗を振る政治家自身こそ、自国の同じ土俵で外国人と競争する姿を見せるべきではないでしょうか?

最後に本書の締めくくりとして、NEAECの持つ人類史的な意義について述べたいと思います。人類は、排他的民族主義を未だ克服できていません。かつて世界秩序を担っていた欧州の大国が、排他的民族主義の暴走を制御できず、互いに潰し合いをしたのが第二次世界大戦の一面であると私は解釈しています。第二次世界大戦後に、新たに世界秩序を担ったのは、かつて欧州の辺境と見なされていた米国と旧ソ連でした。米国と旧ソ連は、少なくとも建前上は排他的民族主義の克服を明確に掲げていました。

米国と旧ソ連は、ともに理念・理想主義を基に建国した人工的な国家であり、人類が取り組んだ壮大な「社会実験」とも言えます。この社会実験は、旧ソ連のケースでは約七〇年で瓦解しましたが、米国は一七八七年の憲法制定以来、幸いまだ持ちこたえています。

巨大なコストをかけながら、米国型の人工的な連邦国家に徐々に移行しているEUの原動力の一つは、排他的民族主義の暴走を制御し、第二次世界大戦の轍を踏まないという意思であると、私は理解しています。欧州諸国が多少の経済的な問題程度で、ＥＵという壮大な社会実験を諦めることはないでしょう。

英国が、ＥＵから離脱した理由は、既に米国経済ブロックに全面参加しているという安心感です。英国は参加している経済ブロックを二つから一つに減らしただけです。どこのブロックにも参加できていない日本から見れば、英国は実に恵まれた地位にあります。

いまなお、米国には深刻な人種・民族差別が存在しますが、これらの差別の克服を国是とする立場は不変です。残念ながら、東アジアにも深刻な人種・民族差別が存在しますが、これらの差別の存在すら認めないゆえに、差別の克服は政治のアジェンダにすら上りません。差別の克服を含めた米国の理想主義と社会実験を、ここ東アジアでＮＥＡＥＣを通じて継承・発展させることができるのか？　その答えは、これから皆さんと見つけることになります。

ＮＥＡＥＣを実現できなければ、東アジアは早晩、権威主義的体制に組み込まれます。

権威主義的体制の下では、常に排他的民族主義とその地続きである地域差別主義という、時限爆弾を抱えながら生活することになります。

地域差別主義の犠牲になった「沖縄、済州島《チェジュド》、台湾からなる三極の島々」における、近現代の悲劇の犠牲者の霊をともに弔うことを、私はＮＥＡＥＣの土台づくりとして提案します。言語、宗教の違いを超えて、排他的民族主義と地域差別主義の克服、さらには基本的人権の尊重が共有できるかを、確認するところから始めるべきです。

経済的利益の共有も大事ですが、強固な価値観の共有がなければ、ＮＥＡＥＣの創設も維持も困難です。**言語・宗教を超えて共感することを学び、共有できる価値観を確実に増やすには、本書でも繰り返し述べてきたように、芸術の力が必要です。**

本章2節で詳述したように、様々な種類の芸術の中でも、演劇をお勧めしたいと思います。読者の多くと同様、私も以前は「演劇」と聞いただけで引いてしまいました。日本では知られていませんが、世界には実に多様な演劇の形があります。その一例として、職場・学校・家庭内における、何らかの苦痛を今後少しでも減らすという実用的な目的を持つアウグスト・ボアールの演劇を紹介しました。苦痛を経験したのは他者であっても、演劇として「他者を演じる」ことは、他者の苦痛に共感することにつながります。

苦痛のような感情だけでなく、価値観についても「他者を演じる」ことを通じて、他者に共感できる能力を高めることは可能でしょう。この共感能力の高い人こそが、国際的なコスモポリタンであると私は考えます。英語能力をいくら高めても、共感能力が低い限り背景の異なる外国人とコミュニケーションすることはできません。換言すれば、演劇は「よく知らない人々」との共同作業を容易にするリハーサルの機会を提供できるのです。

コロナ危機以降一般的になったオンライン会議を使えば、このリハーサル段階から、韓国や台湾の人々と「共演」することも簡単な時代になりました。

三〇年前の私が考えた「大阪で生まれて、鹿児島の学校を卒業して、札幌で就職する」キャリアプランと、これからの若い人の「日本で生まれて、韓国の学校を卒業して、台湾で就職する」キャリアプランが、同じくらい当たり前になるかも知れません。

私の経験から言えば、演劇は素人でも十二分に楽しい。楽しくなければ、どんなに高尚な社会実験も続かないでしょう。また、仮にこの社会実験が失敗することがあったとしても、そのプロセスに参加することが楽しい限り、その時間を過ごせたこと、それ自体に価値を見出せるはずです。

そして、またそこから新たな一歩が始まることを私は信じています。

おわりに

本書を執筆した最大の動機は、二〇二五年の在米生活を畳んで日本に移住した後、一緒に日本再生のために仕事をする人を探すことでした。従って、将来の自分の同僚に向けて、仕事内容の説明をするつもりで本書を執筆しました。

私が日本で実施したいプランBや、そのビッグ・ピクチャーとして、物々交換市場や北東アジア経済共同体の話をいきなりしても、奇人扱いされかねないため、本一冊分の長さの説明が必要でした。

一冊分の説明を読み終えてくださった読者の皆さんの中には、依然として、私を奇人だと考える方もいることでしょう。第4章の冒頭で紹介した寓話に出てくるニワトリ並みの思考回路に、私自身が陥っていないことを祈るばかりです。

「はじめに」で述べたように、二〇一一年の東日本大震災後の日本社会の「望ましくない方向への変化」が、日米社会の根源的な原理の相違について、一層思索を巡らす契機になりました。

また、米国社会にある深刻な「問題」を、何の疑問もなく日本社会へ「移植」するのに熱心な人々にも多く会いました。この問題の例は、公的医療保険制度への営利企業の参入です。参入によるメリットが実証的に証明されないまま、営利企業の参入は継続していま す(56)。

その一方で、米国社会が持つ「問題への自浄能力」を日本社会へ「移植」することに興味を持つ人々の少なさに、大きな危機感を持ってきました。本書の提言の多くは、「自浄能力」改善のための日本社会への提言とも言えます。

長年米国で働くと、米国社会の強みである自浄能力が、明らかに弱っていることにも深い懸念を持つようになりました。残念ながら、米国のアカデミアは、自身の能力の根源的な弱体化にさえ関心が低いようでした。

米国医療政策分野のアカデミアにとって、最大の研究課題は、二〇二一年現在、新型コロナ・パンデミックです。それ以前は、麻薬依存症患者の急増でした。後者の問題の一因は、厳しい制約があった麻薬の医学的治療の対象を、製薬企業が中心になって大幅に広げたことです。[113]本書で詳解したように、「成功する」新薬開発に一兆円単位の投資が必要です。もはや、新薬開発が技術的にも資金的にも困難なのが理由で、製薬会社は、古くから人間社会を苦しめてきた麻薬を利用してでも、高い企業利潤率を維持しているとも解釈できます。

麻薬依存症患者の急増だけを見ても、プランAの枠組み自体が持続不可能であると、私は認識していました。日本では知られていませんが、麻薬依存症は極めて政治的な問題でもあります。二〇一六年の米国大統領選挙でトランプ大統領選出に大きく貢献した選挙地区ほど、麻薬依存症患者が多いのです。[114]これらの地区では、経済的に没落した中産階級以下の白人が現実逃避として麻薬に依存する一方で、既存の政治家に絶望して、トランプ候補に投票したのです。

トランプ元大統領を私は支持しません。しかし、トランプ元大統領の暴政の無尽蔵に見える「燃料」は、経済的繁栄から取り残された多くの米国人の「深い哀《かな》しみ」であると理解しています。

彼らの哀しみを些《いささ》かでも軽減するために、私なりに米国で政策研究を行ってきました。麻薬依存症と並んでパンデミック死亡者の数が、米国で日々積み上がっていくのを見ながら、私自身がアカデミアの一員として十分な責任が果たせなかったと猛省しています。

コロナ危機下の日本政府の対応のお粗末さは、本書で述べた通りです。パンデミックの「負の影響（負け）を減らす」ことが、日本政府は驚くほど不得手でした。このことは、筆者が提唱するプランBの思考様式が日本では欠けているがゆえに、なお重要であることを示唆しています。

そこで本書では、楽しみながら思考様式を拡げられる実践例として、ボアールの演劇を提案しました。実際に私は、第4章2節で紹介した「健康教育に演劇手法を利用する」講義を、当時勤務していたカリフォルニア大学で行いました。二〇二〇年四月に日本に帰国してから、一〇人程度の社会人が参加する新たな演劇サークルを立ち上げました。演劇の経験がない米国の学生や日本の社会人による素晴らしいパフォーマンスを、進行役として観ている時間は、常に上機嫌でいられる至福の時でした。このような小さな取り組みを、日本中で同時多発的に実施することは、プランBの実現につながります。

第2章5節で説明したように、発想を変えれば、プランB下の芸術・人文社会科学は「日本の切り札」として、IT分野の国際的巨大企業に対抗できる可能性は十分あります。読者の方が気付いていないだけで、ご自身の中に埋もれている芸術・人文社会科学分野の才能があるはずです。これまで不当な低評価を受けて来たゆえに、あなたがご自身の才能に目を向けなかったのでしょう。日本国内の埋もれている人材・才能に、プランBがふさわしい活躍の場を提供できれば、日本再生はぎりぎりで間に合うと考えています。

在米中、本書で提起した根源的な問題を考えるため人文科学や芸術分野の本を読むうちに、本稿でも何度か言及してきた思想家・武道家である内田樹先生の一連の書籍を拝読することになりました。

ご縁があって、二〇一一年に内田先生に直接お目にかかり、その後も内田先生が館長を務める合気道の道場「凱風館《がいふうかん》」で、何度か講演する機会にも恵まれました。

今回、集英社新書から出版が決まったのも、日本で演劇グループを立ち上げたのも、内田先生のご紹介のお陰です。内田先生からの長年のご指導・ご支援に対し、この場を借りて深く御礼申し上げます。

そして、プランBのアイデアの核とも言える、予防医療教育に演劇を取り入れる契機を頂いた平田オリザ先生にも感謝申し上げます。また、拙稿について貴重なコメントを頂いた、後藤励《れい》先生（慶應義塾大学大学院経営管理研究科准教授）、花岡智恵先生（東洋大学経済学部准教授）、橋本貴彦先生（立命館大学経済学部教授）にも御礼申し上げます。本書を含め一〇年以上研究をサポートして頂いた佐々木朋子先生（独立研究者）にも御礼申し上げます。

前著『「改革」のための医療経済学』に大変好意的な序文を頂き、その後も折に触れて研究について励ましを頂いた青木昌彦先生（スタンフォード大学名誉教授）は、残念ながら二〇一五年に鬼籍に入られました。私事で恐縮ですが、筆者の両親も二〇一六年と二〇二〇年に他界しました。両親が健在な間に日本へ帰国しなかったことは、いまも悔やまれます。

最後になりますが、遅筆の筆者を辛抱強く励まして頂いた上、的確なコメントで本書の焦点を明確にして頂いた、集英社の編集者である細川綾子氏に厚く御礼申し上げます。

二〇二一年二月

兪炳匡

参考文献

（1）Grove J, "Ambitious female scientists leave Japan to escape 'male domination': Women find cultural attitudes impede their career advancement, says university leader", 2014; https://www.timeshighereducation.com/news/ambitious-female-scientists-leave-japan-to-escape-male-domination/2016177.article, Accessed December 10, 2019.

（2）Forbes, "The World's Largest Public Companies: 2019 ranking", 2019; https://www.forbes.com/global2000/list/#header:marketValue_sortreverse:true, Accessed December 9, 2019.

（3）Scannell JW, Blanckley A, Boldon H, Warrington B, "Diagnosing the decline in pharmaceutical R&D efficiency", *Nature Reviews Drug Discovery*. 2012; 11(3):191-200.

（4）Organisation for Economic Co-operation and Development（OECD）. OECD.Stat: Economic Outlook No 103 - July 2018 - Long-term baseline projections. 2018; https://stats.oecd.org/Index.aspx?DataSetCode=EO103_LTB, Accessed October 16, 2019.

（5）International Institute for Management Development（IMD）. World Competitiveness. https://worldcompetitiveness.imd.org/customsearch, Accessed January 5, 2020.

（6）NHK NEWS WEB「〝経済が失われた時代・平成〟次の時代をどう乗り切るか」https://www3.nhk.or.jp/news/special/heisei/view-data/view-data_03.html, Accessed February 18, 2019.

（7）The Business Week Global 1000. *Business Week*. 1989(July 17):145-178.

（8）BizZine編集部「クレイトン・クリステンセンが来日。破壊的イノベーションを語った白熱の90分。」二〇一五年；https://bizzine.jp/article/detail/1170, Accessed January 5, 2020.
（9）肥田美佐子「イノベーション研究の世界的権威　クリステンセン教授　独占インタビュー」二〇一五年；https://forbesjapan.com/articles/detail/3907, Accessed October 11, 2019.
（10）事業構想「成熟産業にチャンスあり　イノベーションの始祖、クリステンセンが語る『成長企業の条件』」二〇一六年；https://www.projectdesign.jp/201601/chance-in-mature-industry/002617.php, Accessed January 9, 2020.
（11）野口悠紀雄『平成はなぜ失敗したのか「失われた30年」の分析』幻冬舎、二〇一九年
（12）Sustainable Japan「【国際】世界『男女平等ランキング２０２０』、日本は１２１位で史上最低。G7ダントツ最下位で中韓にも負ける」二〇一九年；https://sustainablejapan.jp/2019/12/18/global-gender-gap-report-2020/44753, Accessed January 9, 2020.
（13）U.S. News & World Report. EDUCATION: Best Global Universities. 2019; https://www.usnews.com/education/best-global-universities, Accessed December 11, 2019.
（14）毎日新聞「幻の科学技術立国」取材班『誰が科学を殺すのか　科学技術立国「崩壊」の衝撃』毎日新聞出版、二〇一九年
（15）豊田長康『科学立国の危機　失速する日本の研究力』東洋経済新報社、二〇一九年
（16）山口栄一『イノベーションはなぜ途絶えたか　科学立国日本の危機』ちくま新書、二〇一六年
（17）NHK NEWS WEB: ＷＥＢ特集「日本の科学は輝きを取り戻せるのか　ネイチャー編集長に聞く」二

〇一九年五月七日；https://www3.nhk.or.jp/news/html/20190507/k10011907341000.html, Accessed May 12, 2019.
(18) Stewart D, "Japan Gets Schooled: Why the Country's Universities Are Failing", *Foreign Affairs*. October 31, 2016.
(19) International Institute for Management Development (IMD). IMD World Talent Ranking 2019; https://www.imd.org/wcc/world-competitiveness-center-rankings/world-talent-ranking-2019, Accessed December 8, 2019.
(20) 古賀茂明「日本の英語力はベトナムより下という惨状」「週刊朝日」AERA dot. 二〇一九年；https://dot.asahi.com/wa/2019102800044.html?page=1, Accessed December 31, 2019.
(21) mashup NY「『国に帰れ』で罰金最大2，700万円。ニューヨーク市が新ガイドライン」二〇一九年；https://www.mashupreporter.com/nyc-ban-illegal-alien-calling, Accessed January 9, 2020.
(22) NEWSポストセブン「報道の自由度ランク、日本は過去最低の61位に…韓国よりも低く」二〇一五年；https://news.livedoor.com/article/detail/10226060, Accessed January 9, 2020.
(23) Reporters Without Borders (RSF). 2019 WORLD PRESS FREEDOM INDEX: Index details: Data of press freedom ranking 2019. 2019; https://rsf.org/en/ranking_table, Accessed January 9, 2020.
(24) 一般社団法人日本航空宇宙工業会「平成30年版 日本の航空宇宙工業」二〇一八年；http://www.sjac.or.jp/common/pdf/sjac_gaiyo/info/nihon_H30.pdf, Accessed January 7, 2020.
(25)「日本経済新聞」「新薬開発 発売できる確率2万〜3万分の1」二〇一六年；https://www.nikkei.

com/news/print-article/?R_FLG=0&bf=0&ng=DGKKASGG15H4I_V11C16A1EA2000, Accessed October 20, 2019.
(26) 金子勝『平成経済　衰退の本質』岩波新書、二〇一九年
(27) 延広絵美「日米貿易協定が発効、米大統領選イヤーで第2弾交渉は年内進展なしか」Bloomberg. 2020; https://www.bloomberg.co.jp/news/articles/2019-12-31/Q2SLHJDWX2PS01, Accessed January 2, 2020.
(28) マルクス・ガブリエル、マイケル・ハート、ポール・メイソン（著）、斎藤幸平（編）『資本主義の終わりか、人間の終焉か？　未来への大分岐』集英社新書、二〇一九年
(29) International Labour Organization（ILO）. Labour income share and distribution – ILO modelled estimates, July 2019 2019; https://www.ilo.org/ilostat-files/WEB_bulk_download/modelled_estimates/TEM_LIS.xlsx, Accessed June 10, 2020.
(30) 井上智洋『人工知能と経済の未来　２０３０年雇用大崩壊』文春新書、二〇一六年
(31) 水野和夫『資本主義の終焉と歴史の危機』集英社新書、二〇一四年
(32) U.S. Bureau of Labor Statistics. Employment Projections: Table 1.3 Fastest growing occupations, 2018 and projected 2028. 2019; https://www.bls.gov/emp/tables/fastest-growing-occupations.htm, Accessed February 29, 2020.
(33) U.S. Bureau of Labor Statistics. Occupational Employment Statistics. https://www.bls.gov/oes/tables. htm, Accessed May 15, 2020.

（34）National Society of High School Scholars（NSHSS）. 2018 Career Interest Survey. 2018; https://www.nshss.org/media/30882/nshss-2018-careersurveyv6b.pdf, Accessed February 1, 2020.
（35）キャリタス就活２０２０「発表！　２０２０年卒の就活生が選ぶ人気企業とは？～就職希望企業ランキング：総合編～」二〇一九年；https://job.career-tasu.jp/2020/guide/study/ranking/, Accessed July 1, 2019.
（36）オムライスラヂオ【内田樹先生に訊く】移住と霊性、そして経済について：No.222 / 2017.10.25（水）7:00am; https://omeradi.org/podcategory/内田樹氏/page/2, Accessed December 4, 2019.
（37）宇沢弘文『社会的共通資本』岩波新書、二〇〇〇年
（38）総務省統計局「労働力調査　長期時系列データ」http://www.stat.go.jp/data/roudou/longtime/03roudou.html, Accessed January 16, 2020.
（39）塚原康博「医療サービス活動における産業・雇用連関分析の展開」「季刊社会保障研究」2011; 47(2): 104-118.
（40）前田由美子「医療・介護の経済波及効果と雇用創出効果　２００５年産業連関表による分析」日医総研ワーキングペーパー、2009; 189. https://www.jmari.med.or.jp/research/research/wr_401.html, Accessed December 28, 2020.
（41）Folland S, Goodman AC, Stano M, “Chapter 2 Microeconomic Tools for Health Economics”, in: *The Economics of Health and Health Care*. 7th ed: Prentice Hall; 2013.
（42）Athey S, Luca M, “Economists（and economics）in tech companies”, *Journal of Economic*

Perspectives. 2019;33(1):209-230.

(43) Desmet D, Duncan E, Scanlan J, Singer M, "Six building blocks for creating a high-performing digital enterprise", 2015; https://www.mckinsey.com/business-functions/organization/our-insights/six-building-blocks-for-creating-a-high-performing-digital-enterprise, Accessed June 17, 2020.

(44) 半藤一利、船橋洋一「原発事故と太平洋戦争　日本型リーダーはなぜ敗れるか」「文藝春秋」二〇一三年六月号

(45) Diabetes Prevention Program Research Group, "The 10-year cost-effectiveness of lifestyle intervention or metformin for diabetes prevention: an intent-to-treat analysis of the DPP/DPPOS", *Diabetes Care.* 2012;35(4):723-730.

(46) 厚生労働省「医薬品価格調査」二〇一八年；https://www.e-stat.go.jp/stat-search/files?page=1&query=%E3%80%80%E8%96%AC%E4%BE%A1%E8%AA%BF%E6%9F%BB%E7%B5%90%E6%9E%9C&layout=dataset&metadata=1&data=1, Accessed October 28, 2019.

(47) Career Picks「年収３００万の生活レベルは？手取り月収や平均貯金額や税周りを解説」二〇一九年；https://career-picks.com/average-salary/nensyu-300, Accessed October 28, 2019.

(48) 全労連「実質賃金指数の推移の国際比較」二〇一八年；https://www.zenroren.gr.jp/jp/housei/data/2018/180221_02.pdf, Accessed June 21, 2020.

(49) MONEYzine 編集部「家計の金融資産残高は１９０３兆円、うち現預金は１００８兆円」二〇二〇年；https://moneyzine.jp/article/detail/216926, Accessed May 15, 2020. を基に筆者の計算を追加

(50)「日本経済新聞」「内部留保４７５兆円、過去最大　19年度の法人企業統計」二〇二〇年一〇月三〇日；https://www.nikkei.com/article/DGXMZO65647030Q0A031C2EAF000, Accessed January 28, 2021.
(51) Van Dam A, "It's not just paychecks: The surprising society-wide benefits of raising the minimum wage", 2019; https://www.washingtonpost.com/business/2019/07/08/its-not-just-paychecks-surprising-society-wide-benefits-raising-minimum-wage, Accessed July 13, 2019 and June 21, 2020.
(52) Cengiz D, Dube A, Lindner A, Zipperer B, "The effect of minimum wages on low-wage jobs", *The Quarterly Journal of Economics*. 2019;134(3):1405-1454.
(53) Organisation for Economic Co-operation and Development (OECD). Real minimum wages. https://stats.oecd.org/Index.aspx?DataSetCode=RMW, Accessed June 22, 2020.
(54) 古久澤直樹「『日本を超えた』韓国の最低賃金　急激な引き上げに上がる懸念の声」二〇一八年七月三〇日；https://newsphere.jp/economy/20180730-3, Accessed June 23, 2020.
(55) Organisation for Economic Co-operation and Development (OECD). Global Revenue Statistics Database. https://stats.oecd.org/Index.aspx?DataSetCode=RS_GBL, Accessed June 23, 2020.
(56) Gruber J. *Public Finance and Public Policy* (Chapter 8). 6th ed: Worth Publishers; 2019.
(57) Bloomberg. Markets: Rates & Bonds. https://www.bloomberg.com/markets/rates-bonds, Accessed November 6, 2019.
(58) 国立保健医療科学院　保健医療経済評価研究センター「中央社会保険医療協議会における費用対効

果評価の分析ガイドライン第2版」二〇一九年；https://c2h.niph.go.jp/tools/guideline/index.html, Accessed April 30, 2020.
(59) Weinstein MC, Siegel JE, Gold MR, Kamlet MS, Russell LB, "Recommendations of the Panel on Cost-effectiveness in Health and Medicine", *JAMA*. 1996;276(15):1253-1258.
(60) Gold MR, Siegel JE, Russell LB, Weinstein MC. *Cost-Effectiveness in Health and Medicine*. 1st ed: Oxford University Press; 1996.
(61) Sanders GD, Neumann PJ, Basu A, et al, "Recommendations for Conduct, Methodological Practices, and Reporting of Cost-effectiveness Analyses: Second Panel on Cost-Effectiveness in Health and Medicine", *JAMA*. 2016;316(10):1093-1103.
(62) 兪炳匡『「改革」のための医療経済学』メディカ出版、二〇〇六年
(63) 五十嵐中「5章　海外の医療経済評価の現状―アジア・オセアニア―」医薬品医療機器レギュラトリーサイエンス財団（編集）『基礎から学ぶ医療経済評価』じほう、二〇一四年
(64) California Health Benefits Review Program (CHBRP). Analysis of Senate Bill 1053: Health Care Coverage: Contraceptives: http://analyses.chbrp.com/document/view.php?id=907 (April 20, 2014); Analysis of Assembly Bill 219: Health Care Coverage: Cancer Treatment: http://analyses.chbrp.com/document/view.php?id=781 (April 4, 2013); Analysis of Assembly Bill 912: Health Care Coverage: Fertility Preservation: http://analyses.chbrp.com/document/view.php?id=833 (April 25, 2013), Accessed May 11, 2020.

(65) Yoo BK, Berry A, Kasajima M, Szilagyi PG, "Association between Medicaid reimbursement and child influenza vaccination rates", *Pediatrics*. 2010;126(5):e998-1010.

(66) Yoo BK, Szilagyi PG, Schaffer SJ, et al, "Cost of universal influenza vaccination of children in pediatric practices", *Pediatrics*. 2009;124 Suppl 5:S499-506.

(67) Yoo BK, Kasajima M, Bhattacharya J, "Public avoidance and the epidemiology of novel H1N1 influenza A", *National Bureau of Economic Research Working Paper*. 2010; (No. w15752). https://www.nber.org/papers/w15752, Accesed, May 11, 2020

(68) Volpp K, Loewenstein G, Asch D, Chapter 20, "Behavioral Economics and Health", In: Glanz K, Rimer BK, Viswanath K, eds. *Health Behavior: Theory, Research, and Practice*. 5th ed: Jossey-Bass; 2015.

(69) Cutler DM, "Disability and the future of Medicare", *N Engl J Med*. 2003;349(11):1084-1085.

(70) Baumgardner JR, Bilheimer LT, Booth MB, Carrington WJ, Duchovny NJ, Werble EC, "Cigarette taxes and the federal budget-report from the CBO", *N Engl J Med*. 2012;367(22):2068-2070.

(71) Patel MS, Asch DA, Troxel AB, et al, "Premium-Based Financial Incentives Did Not Promote Workplace Weight Loss In A 2013-15 Study", *Health Aff* (Millwood). 2016;35(1):71-79.

(72) Centers for Medicare & Medicaid Services (CMS). Medicare Diabetes Prevention Program (MDPP) Expanded Model. 2020; https://innovation.cms.gov/innovation-models/medicare-diabetes-prevention-program, Accessed May 27, 2020.

(73) 経済産業省ヘルスケア産業課「『健康経営銘柄２０１８』及び『健康経営優良法人（大規模法人）２０１８』に向けて」二〇一七年; https://www.meti.go.jp/policy/mono_info_service/healthcare/downloadfiles/2017healthcare_presentation_v2.pdf, Accessed December 14, 2019.

(74) Buttorff C, Ruder T, Bauman M, "Multiple Chronic Conditions in the United States", 2017; https://www.rand.org/content/dam/rand/pubs/tools/TL200/TL221/RAND_TL221.pdf, Accessed May 27, 2020.

(75) Glanz K, Rimer BK, Viswanath K, eds. *Health Behavior: Theory, Research, and Practice*. 5th ed: Jossey-Bass; 2015.

(76) Berkman LF, Kawachi I, Glymour MM. *Social Epidemiology*. 2nd ed: Oxford University Press; 2014.

(77) Kawachi I, Chapter 13 "Applications of Behavioral Economics to Improve Health", In: Berkman LF, Kawachi I, Glymour MM, eds. *Social Epidemiology*. 2nd ed: Oxford University Press; 2014.

(78) World Health Organization（WHO）Regional Office for the Eastern Mediterranean. Health promotion and disease prevention through population-based interventions, including action to address social determinants and health inequity. http://www.emro.who.int/about-who/public-health-functions/health-promotion-disease-prevention.html, Accessed February 25, 2020.

(79) Centers for Disease Control and Prevention（CDC）. Picture of America: PREVENTION. 2017; https://www.cdc.gov/pictureofamerica/pdfs/picture_of_america_prevention.pdf, Accessed February

25, 2020.
(80) Yoo BK, Kasajima M, Phelps CE, Fiscella K, Bennett NM, Szilagyi PG, "Influenza vaccine supply and racial/ethnic disparities in vaccination among the elderly", *Am J Prev Med*. 2011;40(1):1-10.
(81) Yoo BK, Humiston SG, Szilagyi PG, Schaffer SJ, Long C, Kolasa M, "Cost effectiveness analysis of Year 2 of an elementary school-located influenza vaccination program-Results from a randomized controlled trial", *BMC Health Serv Res*. 2015;15:511.
(82) Yoo BK, Humiston SG, Szilagyi PG, Schaffer SJ, Long C, Kolasa M, "Cost effectiveness analysis of elementary school-located vaccination against influenza-results from a randomized controlled trial", *Vaccine*. 2013;31(17):2156-2164.
(83) Yoo BK, Hasebe T, Szilagyi PG, "Decomposing racial/ethnic disparities in influenza vaccination among the elderly", *Vaccine*. 2015;33(26):2997-3002.
(84) Yoo BK, Kasajima M, Fiscella K, Bennett NM, Phelps CE, Szilagyi PG, "Effects of an ongoing epidemic on the annual influenza vaccination rate and vaccination timing among the Medicare elderly: 2000-2005", *Am J Public Health*. 2009;99 Suppl 2:S383-388.
(85) Yoo BK, Holland ML, Bhattacharya J, Phelps CE, Szilagyi PG, "Effects of mass media coverage on timing and annual receipt of influenza vaccination among Medicare elderly", *Health Serv Res*. 2010;45(5 Pt 1):1287-1309.
(86) Yoo BK, "How to improve influenza vaccination rates in the U.S.", *Journal of preventive medicine*

and public health = *Yebang Uihakhoe chi.* 2011;44(4):141-148.
(87) Yoo BK, Frick K, "Determinants of influenza vaccination timing", *Health Econ.* 2005;14(8):777-791.
(88) Mantzari E, Vogt F, Shemilt I, Wei Y, Higgins JPT, Marteau TM, "Personal financial incentives for changing habitual health-related behaviors: A systematic review and meta-analysis", *Prev Med.* 2015;75:75-85.
(89) Fraser KD, Al Sayah F, "Arts-based methods in health research: A systematic review of the literature", *Arts & Health.* 2011;3(2):110-145.
(90) Eckstein D, Künzel V, Schäfer L, Winges M, "GLOBAL CLIMATE RISK INDEX 2020: Who Suffers Most from Extreme Weather Events? Weather-Related Loss Events in 2018 and 1999 to 2018", 2019; https://germanwatch.org/sites/germanwatch.org/files/20-2-01e%20Global%20Climate%20Risk%20Index%202020_14.pdf, Accessed May 27, 2020.
(91) 土屋貴裕「今を生きる『貯蓄ゼロ』世帯　世帯　世代間、世代内格差の拡大と今の生活を重視する傾向」https://www.dir.co.jp/report/research/capital-mkt/asset/20180402_020032.pdf, Accessed May 6, 2020.
(92) 山本太郎事務所「年齢別　貯蓄ゼロ世帯の割合」二〇一八年；https://www.taro-yamamoto.jp/national-diet/7738/attachment/年齢別の貯蓄ゼロ世帯, Accessed April 9, 2020.
(93) 国立社会保障・人口問題研究所「２０１７年　社会保障・人口問題基本調査　生活と支え合いに関する調査　結果の概要」http://www.ipss.go.jp/ss-seikatsu/j/2017/seikatsu2017summary.pdf, Accessed May 6, 2020.

（94）厚生労働省「国民の所得や生活の状況等に関する分析　3」二〇一七年；https://www.mhlw.go.jp/file/05-Shingikai-12601000-Seisakutoukatsukan-Sanjikanshitsu_Shakaihoshoutantou/0000184114.pdf, Accessed April 21, 2020.

（95）厚生労働省「平成27年　国民生活基礎調査の概況」二〇一六年；https://www.mhlw.go.jp/toukei/saikin/hw/k-tyosa/k-tyosa15/dl/16.pdf, Accessed February 6, 2021.

（96）国土交通省住宅局住宅総合整備課「空き家の現状と問題について」二〇一四年；http://www.hrr.mlit.go.jp/kensei/machi/akiya/kaisai03/02_honsho.pdf, Accessed February 8, 2020.

（97）岸本聡子、オリビエ・プティジャン（編集）、Olivier Petitjean（原著）『再公営化という選択　世界の民営化の失敗から学ぶ』堀之内出版、二〇一九年

（98）ＪＦＴＣ（日本貿易会）きっずサイト「日本貿易の現状と課題　2．日本の主な輸出入品」https://www.jftc.or.jp/kids/kids_news/japan/item.html, Accessed May 12, 2020.

（99）四国電力キッズ・ミュージアム「エネルギー資源　みんなの身のまわりのエネルギー資源について考えてみよう！」https://www.yonden.co.jp/cnt_kids/resources/, Accessed May 12, 2020.

（１００）Cammenga J, "State and Local Sales Tax Rates, January", 2019; https://taxfoundation.org/sales-tax-rates-2019, Accessed December 4, 2019.

（１０１）日本貿易振興機構（ジェトロ）「ビジネス短信　第1四半期はメキシコが米国の最大の貿易相手国に」二〇一九年；https://www.jetro.go.jp/biznews/2019/05/b509a848b7d60c2f.html, Accessed May 15, 2020.

（１０２）U.S. Department of Commerce, International Trade Administration, Industry & Analysis, National Travel and Tourism Office. FAST FACTS: UNITED STATES TRAVEL AND TOURISM INDUSTRY -2019-. 2020; https://travel.trade.gov/outreachpages/download_data_table/Fast_Facts_2019.pdf, Accessed May 15, 2020.

（１０３）日本貿易振興機構（ジェトロ）「ビジネス短信　トランプ米政権、外資への投資規制の最終規則を発表、2月に施行」二〇二〇年；https://www.jetro.go.jp/biznews/2020/01/b57544a6abe4d151.html, Accessed May 15, 2020.

（１０４）Wikipedia. List of territorial entities where English is an official language. 2015; http://www.emmc-imae.org/wp-content/uploads/Map-of-countries-where-English-is-an-official-language.pdf, Accessed May 15, 2020.

（１０５）水野和夫『閉じてゆく帝国と逆説の21世紀経済』集英社新書、二〇一七年

（１０６）International Monetary Fund（IMF）. World Economic and Financial Surveys: World Economic Outlook Database. 2019; https://www.imf.org/external/pubs/ft/weo/2019/01/weodata/index.aspx, Accessed July 4, 2019.

（１０７）Worldometer. https://www.worldometers.info/coronavirus/, Accessed January 6, 2021.

（１０８）International Monetary Fund（IMF）. WORLD ECONOMIC OUTLOOK REPORTS: World Economic Outlook, October 2020: A Long and Difficult Ascent, https://www.imf.org/en/Publications/WEO/Issues/2020/09/30/world-economic-outlook-october-2020, Accessed January 6, 2021.

（109）兪炳匡「『超過死亡の推定』の問題点」二〇二〇年一一月一一日掲載、https://www.bkyoo.org/2020/11/11_1758.html, Accessed January 6, 2021.
（110）兪炳匡「拙論『日本に於ける新型コロナウイルス・パンデミックの抗体検査結果の比較と分析』の要点」二〇二〇年一一月一一日掲載、https://www.bkyoo.org/2020/11/11_1737.html, Accessed January 6, 2021.
（111）Organisation for Economic Co-operation and Development（OECD）. Testing for COVID-19: A way to lift confinement restrictions. 2020; https://read.oecd-ilibrary.org/view/?ref=129_129658-l62d7lr66u&title=Testing-for-COVID-19-A-way-to-lift-confinement-restrictions, Accessed June 21, 2020.
（112）Bosque D「バルス元仏首相、バルセロナ市長選に出馬表明　異例の外国政界入り目指す」AFP BB NEWS. 2018; https://www.afpbb.com/articles/-/3190917, Accessed July 1, 2019.
（113）Lyden J, Binswanger IA, "The United States opioid epidemic", *Semin Perinatol.* 2019;43(3):123-131.
（114）Frydl KJ, "The Oxy Electorate: A Scourge of Addiction and Death Siloed in Fly-Over Country", 2016; https://medium.com/@kfrydl/the-oxy-electorate-3fa62765f837, Accessed October 23, 2020.

兪　炳匡(ゆう　へいきょう)

医療経済学者・医師。神奈川県立保健福祉大学イノベーション政策研究センター教授。ハーバード大学にて修士号、ジョンズ・ホプキンス大学にて博士号取得。米国疾病管理予防センター（CDC）エコノミスト、カリフォルニア大学デービス校医学部准教授などを経て現職。米国にて二五年間、医療経済学の研究・教育に従事。ブログはhttps://www.bkyoo.org/

日《に》本《ほん》再《さい》生《せい》のための「プランB」

医療経済学《いりょうけいざいがく》による所得倍増計画《しょとくばいぞうけいかく》

集英社新書一〇六一A

二〇二一年三月二二日　第一刷発行
二〇二二年二月一三日　第三刷発行

著者……兪《ゆう》　炳匡《へいきょう》
発行者……樋口尚也
発行所……株式会社集英社
東京都千代田区一ツ橋二-五-一〇　郵便番号一〇一-八〇五〇
電話　〇三-三二三〇-六三九一（編集部）
〇三-三二三〇-六〇八〇（読者係）
〇三-三二三〇-六三九三（販売部）書店専用

装幀……原　研哉
印刷所……凸版印刷株式会社
製本所……加藤製本株式会社

定価はカバーに表示してあります。

ISBN 978-4-08-721161-0 C0233
Printed in Japan

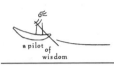